テレビドラマでわかる平成社会風俗史

影山貴彦
Takahiko KAGEYAMA

JIPPI Compact

実業之日本社

装丁　杉本欣右
本文デザイン&DTP　Lush!
企画・構成　田中稲・歯黒猛夫
編集協力　山崎三郎
進行　磯部祥行（実業之日本社）

はじめに

テレビドラマは時代を映す鏡だ。旬のキャスト、当時の世相、流行のファッションや流行の言葉、そして時には社会を揺るがせた事件なども織り込まれている。本書を書くにあたり、平成の30年間に放送されたドラマを振り返ることで、私自身、いかに産業経済、個人の消費動向、情報ツール、職業観、教育、政治などに変化があったかを再確認することができた。

バブルの余韻で幕が開き、未来への期待と失望を繰り返しながら、大きな災害や事件にも多く見舞われた１９９０年代末までの平成前期。この時期のドラマを考察すると、トレンディドラマ人気が爆発したものの、バブルとともに消えていき、死や貧困、ダークヒーローを強く押し出したアンハッピードラマが増えていく。野島伸司脚本を例にとっても、『愛しあってるかい！』から『高校教師』『世紀末の詩』とそのテイストの差は大きい。この世界観の変化を見ても、平成初期だけで、社会状況的にどれだけ大きな変動があったかが見えてくる。

そして平成10年代（中期）には、景気の冷え込む一方、インターネットが爆発的な普及をはたし、ITバブルが到来。メディアやエンターテインメントだけでなく、人間のつながり方を大きく変えていった。『電車男』の大ブームが、この時代のまさに象徴だった。ここで、平成はターニングポイントを迎えたといっていいだろう。

そして女性の地位の向上、LGBTへの理解など、人権や働き方の考えに大きな変化があった平成後期には、『ドクターX～外科医・大門未知子～』をはじめとした、強い意志を持って仕事ができる女性が主役のドラマが増え、『おっさんずラブ』のように、同性愛がテーマのドラマが社会現象になっていく。


ドラマは優れた脚本と演出、キャスティングの3拍子がそろうと大ヒットする、といわれるが、一番重要なのは「時代性」だ。逆の言い方をすれば、ヒットしたドラマの脚本と演出、キャスティングに平成を探るヒントがある。『池袋ウエストゲートパーク』における宮藤官九郎の時代性を切り取ったような脚本、平成の全般を通し、野心とスマートさをあわせ持った木村拓哉の輝きなどはその最たるものだろう。

ネットコンテンツの登場と人気上昇により、テレビドラマは斜陽などといわれる時期もあったが、そこから『半沢直樹』『家政婦のミタ』など、最高視聴率が40％を超えるドラマが登場しているのを見ても、まだまだこれからもテレビドラマには希望があり、テレビドラマだからこそ伝えられる時代性があると私は思う。

ドラマはあくまでも「フィクション」である。しかし、こういった旬の俳優や力のある脚本・演出家たちが紡ぎ出した世界には、時に現実社会への希望と警告を与える力を発揮する。そして、私たちが物語の登場人物たちとともに、それを仮想体験することで、実際に時代を変えることもある。

今回取り上げたキーワードやドラマは、ほんの一部であるが、平成という時代の大きなうねりを感じさせられるものばかりだ。本書を通して、平成30年間の世相・流行を感じていただければ、と思う。令和がどんな時代になるのか。メディアやエンターテインメントはどのように変わっていくのか。それを知るヒントは、平成の流れを振り返ることにあるかも知れない。

テレビドラマでわかる平成社会風俗史　目次

第1章 平成のブーム・流行を映し出したドラマたち

第2章 ゆとり・格差・家族と学校…平成の社会を描く

第3章 いろんな面でボーダーレス…平成時代の男と女

第4章 平成ドラマを支えたスタッフとこれから

＊本書に記載した人物の敬称は略しています。

＊本書に掲載したＤＶＤ作品は、セットではなく１話ごと、あるいはＢｌｕ－ｒａｙで発売されているものもあります。また、掲載したＤＶＤ、Ｂｌｕ－ｒａｙは、２０１９年６月現在発売中のものです。ジャケットデザインおよび価格が変更されたり、商品が品切れとなる場合もあります。

第1章

平成のブーム・流行を映し出したドラマたち

おしゃれで華やかなバブルから一転、底の見えない不景気に襲われた平成の 30 年間は、時代のスピードが上がり続けた時代だった。流行も、それこそ「ネコの目」のように変わり、令和になった現在と比べると、平成の初期は隔世の感すらある。昭和に端を発した世紀末ブーム。コギャル文化にアキバ系、そしてインターネットの進化など。そんな目まぐるしい時代の変化を、ドラマはどんな形で表現してきたのだろうか。

バブル経済と併走したトレンディドラマ

日本を狂乱とハイテンションの渦に巻き込んだバブル経済。といっても、期間は昭和61年あたりから平成3年頃までの約5年間と短かいものだったが、平成はまさにそのど真ん中からスタートした。この、一種独特な世相を見事に切り取ったのが「トレンディドラマ」である。

恋愛を軸にしたストーリー展開に、経済が上昇気流に乗り、高価で華やかな最先端の流行が効果的にまぶされ、当時の自由でアクティブな好景気を大いに楽しんだ20代、30代の輝きを映し出していた。

トレンディドラマの元祖としてよく取り上げられるのは、昭和61年に放送された**『男女7人夏物語』**（TBS系）である。バブル景気が花開き始めた頃のトレンドを散りばめ、群像劇の新たな可能性を提示した。

しかし、ここからトレンディドラマというジャンルを本格的に仕掛けたのはフジテレビである。昭和63年の『**君の瞳をタイホする！**』では主人公が刑事という設定でありながら、バブル期特有のスタイリッシュなファッションと軽妙な会話を全面に押し出し大きな支持を得た。同年には浅野ゆう子と浅野温子主演の『**抱きしめたい！**』が爆発的にヒットし、ドラマが憧れのライフスタイルを提供するという流れを確立。F1層と呼ばれる20代、30代前半の女性をがっちりと取り込んだのだった。

月9ドラマの隆盛

この成功から、さらにブームを確固たるものにしたのが、フジテレビが月曜日の21時に設けた、いわゆる「月9」枠である。実は、この裏にはTBSの「金曜ドラマ」枠の動きが深く関係している。金曜ドラマ枠は昭和47年から放送が開始され、『**金曜日の妻たちへ**』（昭和58年）、『**ふぞろいの林檎たち**』（同）など、数々の名作を生み出してきたが、昭和62年10月から平成元年9月までの2年間休止している。当時久米宏の『ニュースステーション』（テレビ朝日系）が高視聴率をたたき出していたこともあり、対抗する形で金曜ドラマ枠を廃し、『JNNニュース22プライムタイム』を開始させたのだ。

一時的とはいえ、金曜ドラマ枠がなくなったことは、社外から集まっていた才能あるスタッフがＴＢＳから離れるきっかけになってしまった。フジテレビはその機を逃さず人材を集め、同時に「ヤングシナリオ大賞」などで若手を育成。受賞者には、のちに**『すてきな片想い』**（平成2年）、**『101回目のプロポーズ』**（平成3年）などで大ヒットを飛ばすことになる野島伸司もいた。

このマンパワーは大きく、平成元年に入ってから、ハイテンションかつブランド商品で埋め尽くしたトレンディドラマが立て続けに誕生する。平成元年の月9ドラマ**『愛しあってるかい！』**でいえば、トヨタ自動車がスポンサーについていたこともあり、教師が高級クーペのソアラで通勤。平成2年1月の**『世界で一番君が好き！』**では、スクランブル交差点のど真ん中で、トヨタＭＲ2が2台停まり、大勢が見守る中で、主演の浅野温子と三上博史が身を乗り出してキスをするというオープニングだった。バックに流れるのは、ＬＩＮＤＢＥＲＧが歌う主題歌『今すぐＫｉｓｓ Ｍｅ』。プロデューサーは、のちにトレンディドラマの方向性を確立させた大多亮。まさにバブル最後の「祭り感」に満ち溢れた名シーンといえるだろう。

「トレンディ」から「日常」へ

平成2年の半ば頃からバブル景気が陰りを見せ始めると、トレンディドラマは、最盛期の華やかな空気をうっすらと漂わせていたものの、少しずつそのテンションが変わっていく。そして、同年4月から6月放送の『**恋のパラダイス**』（フジテレビ系）を区切りに、派手なコメディー路線から、純愛路線に移行していった。

もっとも大きなターニングポイントが、平成3年の『**東京ラブストーリー**』（フジテレビ系）。毎週月曜の21時には、このドラマを観たいがために街から人が消える、ともいわれるほどの大ヒットとなった。

『東京ラブストーリー』は、王道のトレンディドラマが放つ「都会への憧れ」というポイントはしっかり押さえている。帰国子女のハッキリとモノを言う女の子、シャレた会話、仕事や恋バナを共有する仲間。原作者の柴門ふみは男目線で描くのがうまい漫画家で、原作も永尾完治目線だった。それをあえてヒロインの赤名リカに焦点を当てたことも、視聴者の共感を呼ぶことになった。

しかし、派手なブランド品は出ないし、ハッピーエンドとは受け取れないエンディングだった。原作で描かれたストーリーに準じているとはいえ、バブル全盛期なら、ここまでウェットにならなかったと推測できる。この『東京ラブストーリー』から、月9枠は「トレンド」から「日常」と「迷い」を描くドラマに徐々にシフトしていった。

そして経済の下降とともに、ドラマはどんどん複雑化・内向化していき、トレンディドラマというジャンルは姿を消していくのである。

トレンディドラマの役割

トレンディドラマにあったのは、みんなが同じ方向を見て楽しむという時代性である。ハイソサエティといわれる人たちの生活をのぞき見し、憧れ、それを素直に真似ることを大いに楽しむこと。当時は真似をすることが恥ずかしいどころか、「乗らないと恥ずかしい」という空気感さえあった。

だからこそ、電通や博報堂といった広告代理店が力をふるったし、ドラマも堂々とトレンドリーダーとして先頭に立てた。テレビドラマがブランドや名セリフを提示し、それをお手本にして生活を楽しんだのだ。言い方を変えれば、ブームやヒットが作りやすかった時代といえるだろう。

DRAMA

東京ラブストーリー

スポーツ用品メーカーに勤める、赤名リカ。帰国子女で明朗快活な性格の彼女は、同僚の永尾完治に恋をし、まっすぐにその思いを伝える。そこに完治の同級生である三上健一と関口さとみとの三角関係が絡み合い、複雑な恋愛関係に発展していく。小田和正が歌う主題歌『ラブ・ストーリーは突然に』も大ヒットした。

東京ラブストーリー Blu-ray BOX ／ DVD-BOX
◉発売元：フジテレビジョン／販売元：ポニーキャニオン
◉価格：Blu-ray BOX 19,800円（税別）／ DVD-BOX 19,800円（税別）

DATA
フジテレビ系／ 1991年1月7日～ 3月18日／原作：柴門ふみ『東京ラブストーリー』／脚本：坂元裕二／出演：鈴木保奈美・織田裕二・有森也実・江口洋介 他

トレンディドラマは「カタログドラマ」などとも揶揄《やゆ》され、わかりやすいストーリー展開が笑いのネタにされることも多い。浅野ゆう子、陣内孝則、柳葉敏郎らは「トレンディ俳優」と呼ばれ何作も出演していることから、作品の記憶が混在することもままある。

しかし、そのおおらかさ、そして一体感とわかりやすさこそが、平成初期の空気感だった。ドラマの細かなストーリーは思い出せなくとも、ワンシーンが流れるだけで、若かりし頃に憧れたブランドや青春がよみがえって胸が熱くなる——。トレンディドラマは、いまもそんな役割も担っているのだ。

平成日本を覆った「ぼんやりとした不安」

２０１９年５月１日に「令和」が始まり、「昭和」に生まれた世代は「平成」を挟んで、三つの時代を経験することになる。しかも平成中期には、20世紀が終わって21世紀が始まるという、もう一つの大きな時代の区切りも体験している。これはなかなかすごいことだと思う。

とくに「１９９９年」（平成11年）は、昭和50年代のオカルトブームに夢中となった世代にとって、１０００年に一度という特別な年であるとともに、別の緊張感が漂う1年間となった。きっかけは、昭和48年に発売された1冊の本だった。五島勉の著書『ノストラダムスの大予言』（祥伝社）である。そこに記された「１９９９年７の月、空から恐怖の大王が降ってくる」という終末予想説。あの一文の謎を心のどこかに置きながら大人になった人も多かったのではないか。私自身は少々冷めているところのある子どもだったので、当時から１９９９年は「何も起こらない」と思っていた。しかし当時は子どもだけではなく、大人たちも微《かす》かに信じ、その「ぼんやりとした不安」は平成の世相に静かに影響を与えた。

平成7年が時代精神の変換点

バブル経済期を挟み、一時期は忘れ去られようとしていた、この終末予想説。しかしバブルが弾けてから、世の中が暗くなるとふたたび思い出されることになる。

とくに平成7年には、長期にわたる未曾有《みぞう》の不景気が続く中、「ウィンドウズ95」が発売されてネット環境が発展し、パソコンが一般に普及するなど、世の中が大きく変動。阪神淡路大震災やオウム真理教による地下鉄サリン事件など、大きな災害や事件が連続したことも、「なにが起こってもおかしくない」という意識を強める要因となった。この年は、平成時代の大きなターニングポイントといっても過言ではない。

そして「世紀末」という言葉が飛び交い、ディストピアを描くテレビドラマや映画も増えていく。平成9年にはＫｉｎＫｉ Ｋｉｄｓの堂本剛・堂本光一主演で**『ぼくらの勇気 未満都市』**（日本テレビ系）が放送。バイオハザード（生物災害）が発生し、大人が死に絶えた街が舞台だ。感染拡大とパニックを防ぐためとして封鎖されたエリアで、命がけで秩序を築いていく少年少女の姿が描かれている。

アニメでは平成7年に『**新世紀エヴァンゲリオン**』が公開され、一大ブームを巻き起こしたが、これは2000（平成12）年9月13日に「セカンドインパクト」という大災害が起こり、世界人口の半数が失われたという設定であった。

結局、1999年に地球は滅亡しなかったが、2000年にコンピューターの仕様からトラブルが起こるという「2000年問題（Y2K問題）」が予想され、世界的な騒ぎとなっていたが、こちらもなにも起らなかった。

無事平穏に21世紀を迎え、オカルトブームも収束するかと思いきや、平成18年頃からは「都市伝説」がブームとなる。こちらは陰謀説が中心で、「隠されたウワサ」「表沙汰にならない不穏な動き」「世界を操る大きな組織の存在」を、語り部たちが真《まこと》しやかに伝えるようになっていく。地球は滅亡しなかったが、「なんだか世の中はおかしい」という気持ちは払拭《ふっしょく》できない、そんな感覚だったのかも知れない。ドラマでは平成12年、超常現象をテーマにした『**トリック**』（テレビ朝日系）、平成22年に『**SPEC～警視庁公安部公安第五課 未詳事件特別対策係事件簿～**』（TBS系）が放送。演出はどちらも『ぼくらの勇気 未満都市』の堤幸彦というところが興味深い。

終末論から長い将来を生きる不安へ

平成が終わりを迎える直前、平成31年4月、フジテレビ系の情報番組『Mr.サンデー』で五島勉が自著の内容について、「子どもたちには謝りたい。子どもも読むとは思っていなかったんですよ。真面目な子どもたちは、考えてご飯も食べられなくなったりとかね。悩んだり。それは謝りたいと思う」と謝罪している。

1999年の滅亡説は、信じる・信じないは別として、多くの人に、日常では想像することがない「終わりの日」を意識させた。そしてそれを越えたいま、今度は「命」や「長寿」について考える時代となっている。最近では「健康寿命」という言葉も生まれ、自分の人生をどう幕引きさせるか計画を立てる「終活」なる活動も盛んだ。定年退職後、平穏に暮らすにはどのくらいお金が必要なのかというシミュレーションもメディアを賑わせている。

「もうすぐ世界は終わるかも……」という世紀末騒動からから20年しか経っていないのに、いまや不安になるほどの長い将来を想像する。平成の30年間はさまざまなターニングポイントを、すさまじいスピードと濃さで通りすぎた時代だったと思う。

キャバ嬢が憧れの職業にランクイン

平成30年間で大きく様変わりを見せたものの一つに、夜の接客業の女性に対するイメージがある。昭和から平成初期かけてのドラマでは、薄幸、もしくはゼロからのし上がっていく野心に溢れた女性像が多かった。昭和57年の初放送から何度もリメイクを重ねている松本清張原作の『**黒革の手帖**』（テレビ朝日系ほか）や、平成19年の『**女帝**』（テレビ朝日系）などは、そういったイメージの王道だろう。

しかし平成中期あたりから、そういった「野心の象徴」という位置づけとはまた別に、あくまでも客を癒す「職業としてのホステス」を中心に描いたドラマが登場する。中でも人気を博したのは、平成11年と平成13年に放送された『**お水の花道**』（フジテレビ系）である。

六本木の高級クラブ「ｃｌｕｂ ＰＡＲＡＤＩＳＥ」を舞台に、財前直見演じる明菜の奮闘を描き、ホステスのイメージをポジティブに変えた。これまで取り上げられがちだったナンバー1を奪い合うドロドロした戦いや男女の駆け引きよりも、「アットホームなやさしさ」を前面に押し出している。

『小悪魔ａｇｅｈａ』の影響力

そして、平成17年には、夜の職業に携わる女性をターゲットとした雑誌『小悪魔ａｇｅｈａ』（主婦の友社　創刊時は『小悪魔＆ナッツ』）が創刊。独特のファッションや、女性の赤裸々な悩みを特集した誌面作りが一般女性の支持を得、現役キャバ嬢の読者モデルがカリスマ的人気を誇るようになる。その結果、出版不況が叫ばれ始める中で、平成20年には35万部もの売り上げを獲得。平成28年にはＡＫＢ48グループによる**『キャバすか学園』**（日本テレビ系）が放送された。

こういったカルチャーやエンタメの動きが大きく関わり、民間のシンクタンク「カルチャースタディーズ研究所」が平成19年7月～8月に15～22歳の女性を対象に就職希望調査を行った結果、「キャバ嬢・ホステス」が11位にランクイン。すでに平成後期には「仲のよさ」「やさしさ」が大切にされ、お互い足を引っ張ってまでトップに上り詰めたい、という時代ではなくなっていたが、それでもナンバー1を競い合うホステスやキャバ嬢などの注目度は一定をキープし続けていたのだ。

平成後期の若者が着目したのは、接客業としてトップを獲る、そのコミュニケーション能力のテクニックである。

客を引きつける仕草《しぐさ》と会話術は、平成時代の大きなキーワードともいえる「人間力」にも通じる。指名ナンバー1を誇るキャバ嬢の接客術が記された本には、「営業コンサルタント」「生き方術」に焦点を当てたものも登場し、いまも10代、20代の若者にとどまらず、幅広い世代から評価を得る売れ筋のジャンルとなっている。

接客のプロとして注目

ホストも、平成に大きなうねりを見せている。平成12年前後には、新宿歌舞伎町の「クラブ愛」で5年間ナンバー1だったという城咲仁がメディアを賑わせ、さらには平成14年から『SMAP×SMAP』(フジテレビ系)で木村拓哉と稲垣吾郎がホストクラブを舞台としたコント「ホストマンブルース」が放送され、ホストの存在にスポットが当たるようになった。

平成18年には一本気で正義感の強い、歌舞伎町のホスト的場遼介の活躍を描いた松

DRAMA

キャバすか学園

2010年から放送されている、AKB48グループのメンバーたちが個性的なキャラクターを演じる人気シリーズ『マジすか学園』。パート6となる本作では、これまでの学校からキャバクラへと舞台を移し、ヤンキーの少女たちが煌びやかなドレスに身を包み、キャバ嬢ナンバー1を目指して奮闘していく。

DATA

日本テレビ系／2016年10月30日～2017年1月15日／出演：宮脇咲良・松井珠理奈・横山由依・兒玉遥・木﨑ゆりあ 他

キャバすか学園 Blu-ray BOX ／ DVD-BOX
監督：中茎強・辻本貴則・窪田崇／企画・原作：秋元康／脚本：元麻布ファクトリー・遠藤察男
◉発売元：バップ　◉価格：Blu-ray BOX 18,000円（税抜）／DVD-BOX 15,000円（税抜）

岡昌宏主演の『**夜王～YAOH～**』（TBS系）が放送。平成20年には、金より「女性を癒やす」こと、そしてホスト仲間を大切にする『お水の花道』と同じ人間ドラマとしてのテイストが強い佐々木蔵之介主演の『**ギラギラ**』（テレビ朝日系）が好評を得ている。

また令和元年5月からは、平成13年に出版された小説『都立水商！』（小学館）を原作に、『**都立水商！～令和～**』が放送された（TBS／MBS系）。「水商」とは水商売の略で、水商売専門の高校が舞台。もしかすると将来、職業能力開発校の分野で、こういった取り組みができてくるかも知れない。

ヒットドラマのキーワードは「昭和回顧」

ドラマの中には「懐かしい！　でもなぜ、いまこれを？」と驚くような、むかしの作品のリメイク版が放送されることがある。平成後期に『妖怪人間ベム』『怪物くん』『ど根性ガエル』という往年のアニメが、立て続けに実写化されたのは、その最たる例だろう。こういった作品が定期的に顔を出すのは、シンプルに、当時その作品を愛していた読者・視聴者が、業界に入って作り手になったことの影響が大きい。

いまや若者の多くはネットコンテンツを観るようになり、テレビは「オールドメディア」とも呼ばれ、視聴ターゲットのメインは中高年層以上である。このメインターゲットと同年代の制作サイドが「ならば、自分たちが憧れ、夢中になった世界をもう一度」と盛り上がるのも、企画の方向としてあながち間違っていないのである。

時には、とくにテーマもなく、深夜の会議で自分たちが青春を過ごした昭和50年代、60年代に流行した作品を思い出し、「あれは面白かった！」と話が弾んだ勢いで企画が決まるということもある。コマーシャルソングに懐かしいヒット曲が使われ、ドラマの主題歌で往年のヒット曲がチョイスされるのも、この「青春をもう一度」のノリだが、それがリバイバルヒットにつながることも多々あるのは周知の通りだ。

安心で安全なノスタルジー

さらには過去の作品をただリメイクするのではなく、昭和の「価値観」だけをドラマの世界観に持ち込むパターンもある。最近ではTBSの「日曜劇場」枠が、これをうまく活用している。同局で平成27年から放送されたヒット作**『下町ロケット』**も、時代設定こそ平成だが、人とのかかわり、仕事の仕方、信じる者は報われるなど、その価値観は明らかに昭和。これこそ平成後期ヒットドラマのキーワードの一つだ。

ここでいう昭和とは、戦後をすぎ、人々が見かけの上だけでも、日常に落ち着きを取り戻してからの時代。誰もが夢を抱き、野心を持ち、人間関係も今より複雑化しておらず（気がする）、礼儀正しく助け合ったという「良心面のノスタルジー」だ。こんなにも昭和を懐かしむのは、決して「いい時代だった」という振り返りだけではない。物にせよ生活にせよ、とてもわかりやすい時代だったからである。戦争が終わり、必死に立ち上がろうとみんなが同じ方向に向かって走っていたし、その中で時に起こる競争の激しさも、ドラマの要素としては非常に組み入れやすいのだ。

昭和の原作に平成の文化を注入する

昭和回顧とは別で、「時代が回りまわって、内容がフィットする」というケースもある。平成21年に放送された松山ケンイチ主演の『**銭ゲバ**』（日本テレビ系）は、その一例だろう。原作は昭和45年から46年に『週刊少年サンデー』（小学館）に連載されたジョージ秋山の漫画。名作だが、決して「青春だったよね！」というノリで出てくるタイトルではない。しかし、自民党から民主党（当時）に政権が移り、リーマンショックが起こり、「これからどうなるのか？」という不安が漂っていた時代。そんな時代感に、『銭ゲバ』は相応《ふさわ》しかったのだろう。

また、受験生と家族の微妙な関係が、破天荒な家庭教師が入ることで変わっていく『**家族ゲーム**』も、時代に合わせてリメイクされている作品の一つである。

昭和58年に松田優作主演の映画が公開され、同年ＴＢＳ系で連続テレビドラマ化。主演の長渕剛はこれが本格的俳優デビューとなったが、時には暴力を振るう家庭教師とは思えない粗野な振る舞いをするキャラクターは、大きな話題を呼んだ。

平成25年には櫻井翔主演で再度リメイクされたが（フジテレビ系）、長渕版に見られるような暴力シーンや荒々しい言葉づかいがなくなっている。コンプライアンスが問われる平成後期の世相を反映しているともいえる。

このほか、王道の名作が繰り返しリメイクされるのが「局の○○周年記念」ドラマ。定番として採用されるのは松本清張や山崎豊子といった大家の原作で、旬のキャストによって作られるだけでなく、時には原作には登場しない「新しい文化」が投入される。中でも**『白い巨塔』**はテレビドラマ化が繰り返されている名作。昭和42年の佐藤慶、昭和53年の田宮二郎、平成2年の村上弘明、平成15年の唐沢寿明、令和元年の岡田准一と、それぞれの世代の「財前五郎」が存在することになった。しかも、テレビ朝日開局60周年ドラマ『白い巨塔』では、放送された令和元年に舞台を移し、医療技術などは現代用にアレンジされた。こういった時代性の反映は作り手の腕の見せどころであり、リメイク作品を観る楽しみの一つである。

もう一つ、平成ドラマの大きな変化として、民放地上波において時代劇のレギュラー枠が消滅したことを挙げたい。単発ドラマならいくつか放送されているが、地上波のレギュラーとしては平成23年の『**水戸黄門**』（TBS系）が最後となった。この時代劇激減の背景には、制作費が高く制作時間もかかるが、その割になかなか数字が取れない、というシビアな理由がある。そんな状況下では、技術を持ったスタッフも減ってきてしまう。そんななくなりつつある時代劇の穴を埋めるように登場したのが、平成25年放送の『**半沢直樹**』（TBS系）だ。

時代劇の様式美を受け継ぐ

もちろん『半沢直樹』は現代劇だが、ストーリーの構成は『水戸黄門』と『**必殺仕事人**』（テレビ朝日系）を受け継いだ時代劇だと私は思っている。主人公が銀行でのし上がっていく姿を描いているが、その骨子は「仇討ち」。堺雅人演じる半沢は、父親の会社を助けてくれず、自殺に追い込んだ当時の担当に復讐するためメガバンクに就職する。しかも半沢は剣道の有段者という設定で、剣道の稽古シーンもあり、殺陣の代わりとはいわないが、時代劇の見せ場をしっかりと押さえていた。

そして一番の見せ場は、半沢が銀行の幹部に「やられたらやり返す。倍返しだ！」と啖呵《たんか》を切るシーン。この「倍返しだ！」というセリフは大きな反響を呼び、回を重

DRAMA

半沢直樹

優秀なバンカー、半沢直樹。彼が入行した産業中央銀行は東京第一銀行と合併し、東京中央銀行として世界第３位のメガバンクとなる。しかし上層部では、激しい派閥争いが繰り広げられていた。そして半沢はある事件の復讐を目的に、その渦の中に自ら身を投じていく。平成時代の連続ドラマで視聴率第１位を獲得した名作。

半沢直樹－ディレクターズカット版－
DVD-BOX ／ Blu-ray BOX　好評発売中
●製作著作・発売元：TBS ／販売元：TCエンタテインメント
●価格：DVD-BOX 22,800円（税抜）／Blu-ray BOX 28,800円（税抜）

DATA
TBS系／2013年7月7日～9月22日／原作：池井戸潤『オレたちバブル入行組』『オレたち花のバブル組』／出演：堺雅人 他

ねるごとにどんどんドラマティックに演出されていった。映画は完成してから公開するが、ドラマは収録しながら進んでいく。視聴者の反響を受け、流れを調整していける。これが連続ドラマの面白いところである。

『水戸黄門』で印籠を出すシーンを楽しみにしていた昭和世代や時代劇ファンが、この流れを楽しみにしたのはうなずける。興味深いのは、仕事や生活環境がまったく違う若者が、そっぽを向くことなく面白がったことである。

　これから「平成」が遠くなっていく将来、どのように回顧され描かれるのか、楽しみである。

「オタク」が市民権を得た画期的なドラマ

平成元年当時は、イメージ的に最底辺にあった「オタク」と呼ばれる若者たち。だが、アニメやコスプレ、ゲームといった分野において、いまや日本の新たな文化の担い手といっても過言ではない。たった30年でここまでイメージが変わることは、なかなか過去になかった現象である。

そもそも「オタク」という名称は昭和58年にコラムニストの中森明夫が、『漫画ブリッコ』（白夜書房）のコラムで、「おたくらさぁ」と互いを呼び合うコミックマーケットの集団を表現したことで広まったといわれる。が、当時認知度は決して高くなく、アニメやSFファンなど、一定のカテゴリーで使われるにとどまっていた。

ところが、これがとある事件をきっかけにして大きく広まることになる。昭和63年から平成元年にかけて世間を騒がせた「東京・埼玉連続幼女誘拐殺人事件」だ。メディアは、犯人の宮﨑勤が所有していた約6000本ものビデオの一部にあった性的かつ猟奇的な作品をクローズアップし、「オタク」という言葉を使って報道。ここからオタク＝反社会的というイメージが固定され、世間に認識されるようになったのだ。

『電車男』が与えた衝撃

平成2年頃からは、宅八郎などオタク評論家たちがバラエティー番組に数多く出演。特定のジャンルを掘り下げ、膨大な知識と情報を披露し番組を盛り上げたが、マイナスイメージは解消されないままだった。そんなネガティブな印象を覆したのが、平成17年に映画化され、同年にドラマ化された『**電車男**』（フジテレビ系）である。

物語は、電車の中で酔っ払いに絡まれている女性を気の弱い男性が助け、その後恋愛に発展するという純愛ストーリーだ。ただ、これまでと大きく違ったのは、主役がアニメを愛する「オタク」であったこと。さらに彼は、匿名掲示板「2ちゃんねる（現・5ちゃんねる）」にその様子を書き込んで恋愛を相談。顔見知りではないネット仲間がそれを励まし、掲示板を通してアドバイスを送るという、これまでになかったコミュニケーション手段が描かれた点である。

結果的にドラマは、平均視聴率21・2％、最高視聴率25・2％（関東地区・ビデオリサーチ調べ）という高評価を得たのである。

『電車男』放送の平成17年当時はインターネットサービスが一般にも普及し、パソコンは知識や情報を得る最高のツールとして、オタクたちにも重宝されていた。そして彼らは、匿名を使いながら独自のコミュニティーを広げていた。

さらに、専門的なパソコンのパーツを手に入れるため、オタクたちは電気街の秋葉原をよく利用した。秋葉原はもともと家電を中心に扱っていたが、大型量販店の増加にともない、平成初期にラオックスが「ザ・コンピュータ館」をオープンさせるなど、主力商品をパソコンに移し始めていた。これがマニアックな客層を呼び、オタクをターゲットとしたアニメイベントやメイド喫茶などが増加。秋葉原は聖地化し、大きなリュックを背負い闊歩《かっぽ》するオタクたちはアイコン化され、「アキバ系」とも呼ばれるようになっていく。

『電車男』の主人公はそのアキバ系の典型として描かれているが、ドラマでは、まだオタクであることが大きなコンプレックスになっている。自分がオタクであることを、憧れの女性であるエルメスになかなか言い出せない。大きな罪を懺悔《ざんげ》するかのように、涙をぼろぼろとこぼしてオタクであることを告白するシーンも印象的だった。それをエルメスは、すべて聞き入れ、彼に好意を示すのである。

この、オタク青年がネット仲間の協力を得て、雲の上の存在のようなエルメスと距離を近づけていき、ハッピーエンドを迎えるラブストーリーは、これまで世間に沁《し》みついていたオタクへのネガティブなイメージを払拭するのに成功した。

このヒットにより秋葉原は全国に広く知られるようになった。また、ドラマの放送年に「つくばエクスプレス」が開業したこともあり、より「萌《も》え文化」を求めて人が集まる「オタクの街」へと発展していくのである。秋葉原の変化は、平成という時代の変化を、一番色濃く反映した街ともいえるであろう。

平成18年9月9日には、自民党総裁選に向けて、候補者であった麻生太郎が秋葉原で街頭演説を行っている。麻生は、「まず、秋葉原駅前の皆さん。そして、自称秋葉原オタクの皆さん」（街頭演説より）と高らかに声を上げ、自らのマンガ好きをアピールし、拍手喝さいを浴びる。『電車男』で市民権を得たオタクが、国に認められたくらいのパンチを感じさせた瞬間である。

コミックマーケットやコスプレイベントへの来場者は年々増え続け、ドラマやネット配信も、彼らをターゲットにした作品が制作される。企業でもオタク気質の人が求められているらしい。時代の流れに敏感にアンテナを張り、新しい製品を開発するのに最適なのだという。平成初期のトレンディドラマ華やかなりし頃、マイノリティとしてあつかわれていた彼らだが、30年経ち、トレンドの発信源として先端を走る存在になったのである。

平成文化のターニングポイント

いまやオタクは、「私、〇〇オタクなんです」と日常会話で使われるほど、一般的になり、自虐的な響きはない。むしろ、どれだけ好きかをアピールするとき、すすんで使われるようになっている。この反応こそ、オタクの「執拗《しつよう》に趣味嗜好《しこう》を掘り下げる」といった平成初期のネガティブなイメージが消え、「とことん趣味を追求する」という前向きな意味に上書きが成功した証拠だと思う。

最高に美しいハッピーストーリーには、その力がある。テレビドラマというフィクションがそのプロセスを映像として提示することで、視聴者は共感する。そして、コンプレックスから解放された趣味の達人たちが、新たなカルチャーを生み出していくという最高のネガポジ変換が生じた。それをかなえた『電車男』が平成文化のターニ

MOVIE

電車男 スタンダード・エディション
好評発売中
◉発売元：博報堂DYメディアパートナーズ／販売元：東宝

電車男

電車で酔っぱらいに絡まれた若い女性を救ったオタクの青年。お礼にエルメスのティーカップを贈られ、不器用すぎる恋のアプローチが始まっていく。相談相手はネット掲示板の仲間。いつしか彼は「電車男」と呼ばれるようになり、応援の輪は広がっていく。「21世紀最強のラブストーリー」と高い評価を受けた。

DATA

東宝配給／2005年6月4日公開／上映時間101分／原作：中野独人『電車男』／監督：村上正典／出演：山田孝之・中谷美紀・国仲涼子・瑛太・佐々木蔵之介・木村多江 他

ングポイントを担ったことは間違いない。ちなみに原作となった『電車男』(新潮社)の著者は中野独人。2ちゃんねる発信の実話とされているが、その真偽にさまざまな説が飛び交った。真実の恋愛話なのか、したたかなアイデアマンが仕かけた企画なのか。もはや知る由はない。

どちらにしても、『電車男』以外にもオタクをテーマにしたドラマは何作か作られてはいるが、ネットとテレビという隣接したメディアがここまでポジティブに組み合い、幸せな結果を出した作品は生まれていない。それは事実なのである。

コミュニケーション・ツールの光と闇

『電車男』（フジテレビ系）はオタクだけではなく「2ちゃんねる」という巨大電子掲示板の印象もがらりと変えた。匿名で誰でも何でも自由に書き込めるという仕組みは、いまでこそ市民権を得ているが、平成11年の開設当時は衝撃的であった。「匿名で何でも書ける」、そしてそれを「誰もが読める」。この制限のない状況は、これまでのモラルからは少し外れた発想もあって、多くの人が警戒した。実際、殺人予告なども度々書き込まれ、人の悪口を垂れ流す場所というマイナスイメージが色濃くあったのである。

ところが『電車男』での使われ方はまったく異なり、顔も知らない誰かの恋を応援するというハートウォーミングな展開だった。誹謗《ひぼう》中傷のイメージが強かった2ちゃんねるがこんなプラスの側面も持っていたのだ、と新たな見方ができ、匿名での交流手段に拒否反応がなくなったという人も多いのではないだろうか。

平成後期になると、さらにネットはスマホと一体化し、「持ち歩ける」ものになっていく。そしてソーシャル・ネットワーキング・サービス（ＳＮＳ）が発達し、どこでもいつでも、簡単に世界中の人とコミュニケーションができるようになった。

この変化はエンターテインメントにも大きく影響した。映画やドラマのストーリー上でも、浮気の発覚シーンなどにおいてスマホはキーアイテムとなった。ネットがない時代は、部屋や車内に落ちた長い髪の毛やイヤリングなどがその役割をはたしていたが、いまでは着信履歴やメッセージの盗み見によって発覚するシーンが描かれるようになってきている。

作劇に影響するケータイとスマホ

ケータイとスマホの普及は、同時にドラマ作りにおいてジレンマも生むことになった。ストーリーを盛り上げるのに欠かせない「すれ違い」が演出しにくくなったのである。これまでなら、待ち合わせ時間の勘違いなど、あらゆるパターンでドラマティックに仕かけられたが、いまはメールやラインですぐやり取りができる。視聴者が「なんですれ違うの？　一言連絡を入れればいいのに」と疑問に思う時代が来てしまったのだ。

そうなると、無理やりすれ違う状況を作らざるを得ない。ケータイが普及した平成初期なら電波が届かない、現在では電源を切っていた、部屋に携帯を忘れた、というシチュエーションを多用することとなる。スマホはもはやドラマにおいて欠かせないアイテムだが、大きな感動を生む際にそぐわない「無機質」な存在でもある。

したがって、すっかりデジタルの時代になっても、数多くのドラマで、ここぞというときはアナログ時代の手法やアイテムが登場し、シーンを盛り上げる。

平成25年放送の**『最高の離婚』**（フジテレビ系）は、東日本大震災発生時の帰宅困難な状況下で親しくなった2人が結婚。だが次第にズレが生じ「なぜ結婚したのか」考えるようになるというストーリーだ。

本作のカギとして登場するのが、思いのたけをぶつけた長文の手紙である。メールやSNSが一般的に普及している時代だが、あえて手紙。これを出す、出さないというもどかしさもストーリーを盛り上げた。

ケータイが出始めた頃は、ここまで軽量化するとは思わなかった人が多かったのではないだろうか。実は私もそのタイプで、とくにケータイが出たての頃は、「普及してほしくない」とすら思っていた。

私のケータイ初体験は、奇しくも平成元年の秋。当時MBS（毎日放送）でドラマのアシスタントプロデューサーをしており、平成2年3月放送の毎日放送開局40周年ドラマ『**千利休〜春を待つ雪間草のごとく〜**』撮影のため、京都の撮影所に入った。そのとき、弁当箱のようなケータイを持たされた。昭和63年、NTT発売の「ショルダーフォン」である。当時は「すごいものを持たされた」という感動はあったが、それも束の間。あとは苦痛でしかなかった。重量3キロ。これを持って移動するわけだ。しかも、朝だろうが夜中だろうが、緊急の電話がかかってくる。

仕事ではたしかに便利だが、常に自分の行先を突き止められ、24時間追いかけられるような日々は、まっぴらごめんだと思った。ドラマが終わってショルダーフォンを返したときは、せいせいしたものである。これがトラウマとなり、小型の携帯電話が普及しても、しばらく持たなかった。あの追いかけられるというイメージが、ずっと残っていたからだ。しかしいまでは追いかけられるどころか、家に忘れると不安で仕方がない。メッセージが送られてくれば、すぐ既読、返信が当たり前の時代。もう、これ以上、通信手段のやり取りが速くなることはない、というところまで来た。

ちなみに90年代半ばまで、番号の語呂合わせを駆使した暗号的な使い方が女子高生の間でブームとなっていた「ポケベル」は、令和元年9月に個人向けのサービスが終了の予定。一時代を駆け抜けたこの通信手段が姿を消すのは、寂しくもある。

『3年A組』が描いたこと

現在はフェイスブックやツイッター、インスタグラムなどSNSで、趣味嗜好が同じ人と簡単につながることができる。ツイッターの140文字は、「読みやすい」一つの長さの基準となった。日本語は表音ではなく表意文字なので、140文字でも多くの意味を含ませるのは可能だ。逆に言えば、短文だけにいろんな意味に取られ、受け手に伝わってしまうという危険性をはらんでもいるということである。

ネットが普及し出した平成中期は、面識のない人と簡単に意見交換できるだけで新鮮だった。が、いまやどこにいても検索して情報を得ることができるし、メッセージにリアクションがないと不満にさえ思う。そこで「取りあえず」匿名やニックネームで参加して短文や動画を送る。この深く考えない「取りあえず」に警鐘を鳴らしたのが、平成31年の『**3年A組―今から皆さんは、人質です―**』（日本テレビ系）だ。

DRAMA

3年A組—今から皆さんは、人質です—
Blu-ray BOX ／ DVD-BOX
脚本：武藤将吾
◉発売元：バップ
◉価格：Blu-ray BOX 24,000円（税抜）／ DVD-BOX 19,000円（税抜）
2019年7月24日発売　©NTV

3年A組—今から皆さんは、人質です—

あと10日で卒業を迎える魁皇高校3年A組の生徒たちを、担任の柊一颯が監禁する。柊は生徒たちにさまざな課題を出しながら、半年前に自殺した景山澪奈について、その原因と真相を突き止めさせようとする。SNS「マインドボイス」を通じて、柊がSNSの問題点を涙ながらに訴えるシーンは圧巻。

DATA
日本テレビ系／ 2019年1月6日～ 3月10日／出演：菅田将暉・永野芽郁・片寄涼太・川栄李奈・上白石萌歌・萩原利久・今田美桜・福原遥・田辺誠一・椎名桔平・大友康平 他

クラスメイトが謎の死を遂げた3年A組に菅田将暉演じる柊《ひいらぎ》一颯《いぶき》が現れ、生徒を人質に立てこもるのだが、折に触れて生徒がネットを通じて起こした軽はずみな行動の危険さ、浅はかさを気づかせるシーンが織り込まれた。コメントを投げた相手に、どこまで影響を与えているのかはわかっていない。それでもノリでコメントを入れる。この無責任さが、「無意識の悪意」となる、という問題提起をしたのだ。『電車男』から14年、ここまでコミュニケーションツールは変化した。今後どう進化するのか、楽しみであり、少し怖くもある。

ドラマで社会科見学ができる時代

一般的にあまり知られていない職業を取り上げるドラマは昭和にもあったが、平成は年を重ねるごとに職種が細分化し、専門性を掘り下げる傾向が顕著になっていった。そのエポックメイキングとなった一つが、平成9年の『**踊る大捜査線**』（フジテレビ系）だろう。それまでのステレオタイプな刑事ドラマではない、まったく異なった視点から描いたのが特徴だ。

かつての刑事ドラマといえば「熱血」「ヒーロー」「正義」「アクション」の要素がメインだった。だが、『踊る大捜査線』は「刑事も組織に属するサラリーマンである」という切り口となっている。人気シリーズとなってから、回を追うごとに、逮捕劇・推理劇の要素も強くなっていったが、全作を通して、組織や階級における警察の内情が、事件の解決と並行して絶妙に絡んでいた。深津絵里演じる恩田刑事の「警察はアパッチ砦（ジョン・フォード監督の西部劇のタイトル）じゃない。会社よ」というセリフが、そのままこのドラマの大きなテーマとなっているのも見所だ。

本作が放送を開始した年、お台場はまだ開発途中で、ドラマの中でも、舞台であるお台場の湾岸署は「空き地署」と揶揄されている。また、主人公の青島俊作の決めゼリフは「都知事と同じの青島です」だが、この役名は、平成7年にタレントで作家の青島幸男が東京都知事に初当選して話題になっていたところからきている。

その青島都知事の施策が、臨海副都心開発の見直しにともなう世界都市博覧会の中止だった。そして開発が宙に浮いた湾岸地区に移転したのが、フジテレビである。開発途中で放り出され、ぺんぺん草も生えないとまでいわれた状態のお台場を盛り上げようと、フジテレビはさまざまな番組を発信する。その中に『踊る大捜査線』も含まれていたのだ。フジテレビの躍進もあって、お台場周辺は順調に発展、平成20年には本当に「湾岸署」（正式名称は東京湾岸警察署）が設置される。ドラマとリアルの逆転現象が起こったのである。

なじみのない職業にスポットを当てる

また、『踊る大捜査線』が警察の内情を描いたことで、これまでは殺人を追う捜査一課がメインだった刑事ドラマも、そのほかの課にもスポットを当て、その職務を丁寧に描く傾向が強まっていく。平成11年からは京都府警科学捜査研究所を舞台にした**『科捜研の女』**（テレビ朝日系）、空き巣、ひったくり、盗難といった「盗犯」を担当する警視庁捜査三課を描いた平成25年の**『確証～警視庁捜査3課』**（TBS系）など、ピンポイントで作られたのが象徴的だ。

さらには警察ドラマだけでなく、これまでドラマとしては描きにくかった職業を描いたドラマが増えていく。平成13年には木村拓哉主演で**『HERO』**（フジテレビ系）を放送。あえて刑事ではなく、検察官に焦点を当てて描いたのが挑戦的であった。容疑者が逮捕されたあと、検察官が起訴しないと裁判にまで至らないが、その検察官の職務が実際どのようなものなのかを、木村拓哉演じる久利生《くりう》公平の破天荒な個性を活かし、仕事の内容を見せることに成功している。

同年には行政書士の奮闘を描いた**『カバチタレ！』**（フジテレビ系）、平成28年に放送された**『地味にスゴイ！校閲ガール・河野悦子』**（日本テレビ系）では、大手出版社を舞台に、作家や編集者ではなく、本作りには欠かせない校閲部という裏方の仕事を表に引っ張り出し、興味深い内容で描写した。

トレンドを作る職業ドラマ

ドラマで職業への憧れが強くなり、それが現実に反映されるケースもあった。海難救助を中心とした海上保安官の活躍を描いた『**海猿**』である。平成14年にNHKでドラマ化、平成16年には映画化され、その翌年にはフジテレビ系でふたたびドラマとして放送された『海猿』シリーズは、映画、テレビともに海上保安庁の全面的な協力体制で撮影されている。平成18年の海上保安学校の志願者は過去最高の5467人を記録したが、このドラマの影響があったと強く推測される。

また、木村拓哉主演で高視聴率をたたき出した『**GOOD LUCK!!**』（TBS系）が平成15年に放送されると、航空業界への就職希望者が急増しただけでなく、撮影に全面協力していた全日空の株価も上昇したという。ドラマが社会に影響を与えた、興味深いエピソードである。

一般的にあまりなじみのない職業や、一見地味に見える仕事でも、旬の俳優を起用して、映画やテレビで描かれることで、登場人物や物語とともに組織や仕事の内容にも興味を持つ。これはドラマと現実の理想的なリンクの仕方といえよう。

家族の食卓から離れて「個食」の時代へ

ちゃぶ台に並んだ卵焼き、お味噌汁に温かな家庭の食卓が連想されるように、ほんの少しの時間であっても、食事のシーンは描かれた時代や食べている登場人物の心情などを映し出していた。とくに昭和のホームドラマで食卓が担う役割は大きく、『**寺内貫太郎一家**』（昭和49年・TBS系）のように、大家族が集うシチュエーションとして食事のシーンは必要不可欠であった。

円卓をぐるりと囲み、全員が向き合って手料理をつつきながら、その日のできごとを話すシーンでは、視聴者はその会話とともに、テーブルに並ぶメニューに家庭の雰囲気を感じ取ったものである。

そういったイメージを逆に利用したのが昭和58年公開の映画『**家族ゲーム**』だ。大きなダイニングテーブルに、家族４人がわざわざ横並びで座り、しかも中心に家庭教師を挟んで食事をする構図は強烈で、コミュニケーションがうまくいかない家庭の雰囲気が、そのビジュアルだけで見事に表されていた。

平成社会を席巻した大食いブーム

平成5年から平成11年には、「鉄人」と呼ばれるレギュラー出演者のシェフたちと挑戦者のゲストシェフが対決する『料理の鉄人』（フジテレビ系）が大人気を博す。バブル経済崩壊後とは思えない贅沢《ぜいたく》な内容だが、逆に景気が下降する中で、より食への探求の仕方が変わり、調理技術や食材、料理人など「本物」を求める気持ちが高まったのかも知れない。

そして平成中期にかけて、一つの大きな食のブームが起きる。1990年代から『TVチャンピオン』（テレビ東京系）の企画で好評を博した「大食い選手権」だ。これがきっかけで「大食いブーム」が到来。大食い競争を取り上げたドラマ『**フードファイト**』（日本テレビ系）も平成12年に放送された。

ただ、『フードファイト』はグルメドラマというよりも、主演の草彅剛をはじめ、桜井幸子やいしだ壱成などの俳優陣が限界まで大食いに挑戦する演技を見るものであった。逆に言えば、食事という日常的なものの中に、そういった非現実的な面白さを求めなければならないほど当時は、時代的にエンタメのテーマが飽和状態だったのかも知れない。中には、その豪快な食べっぷりを見ることで、ストレスを発散した人もいるだろう。

少し意外に思ったのが、大食いブームの地域性だ。大食いブームが起こってからも、関西ローカルのバラエティーでは、あまり取り上げられなかった記憶がある。「食の街」と呼ばれる大阪で、もっとこういった番組が作られてもいいか、と思ったものだが、関西は食に対しては目新しさや珍しさを求めていないのだろう。関西では「ここがおいしいんですよ！」というおススメ番組は支持を得るが、食そのものをバラエティー化したり、ドラマにしたりするのは関東のほうが多かった。

そして大食いブームは、それを真似た死亡事故が起きたことで、平成14年にテレビ各局が早食い・大食い番組を自粛。ブームは沈静化した。

「1人めし」という新しいスタイル

その後のグルメドラマで大きく変わったのが、「作り手目線から、食べる側の目線」だろう。

昭和からグルメドラマは、そのほとんどがレストランの立て直し、もしくはプロを目指す若者の修行ものであった。平成でも中期までこの路線は人気で、平成7年『**王様のレストラン**』（フジテレビ系）、平成14年『**ランチの女王**』（同）など、主人公の葛藤や苦しみと並行し、鮮やかな調理シーンが登場するドラマが定期的に放送されていた。

ところが、平成後期「どれだけおいしいかを説明しながら食べる」や「誰でも作れる簡単メニューを披露する」という食べる側の目線に立ったドラマへと移行していく。この背景には、テーマごとに評判の料理や店を探し、情報を発信するブロガーの登場も影響しているのだろう。

さらなる追い風となったのが、「1人めし」の流行である。平成18年の『**結婚できない男**』（フジテレビ系）では、「人の好みに合わせなくていい。自分の家での1人ご飯最高！」とばかりに、主人公が素材や味つけにこと細かくこだわり、また自宅で1人、ステーキや寿司などの「1人めし」を楽しむ姿が視聴者の共感を得た。

主人公がその環境をポジティブに楽しみ、しかもそのドラマが評価を得ると、それまで「後ろめたい」と思っていたことも「実は私も主人公と同じ」という、安心感が生まれるのだ。

また、「1人で食事をするのは、なんだか恥ずかしい」という感覚を、逆に「1人だからこそ、店選びも気を使わず、好きなものを好きなときに食べられる自由」を描いたのが平成24年の『**孤独のグルメ**』（テレビ東京系）だ。主人公の井之頭五郎は、店巡りを楽しみ、頼んだメニューが自分の中の食のルールに当てはまるかどうかで一喜一憂する。そんな姿に「1人でご飯を食べてもいいんだ」「ぼっちでも食事は楽しめるんだ」と思わせた。そして「今日は孤独のグルメしてみました」「1人めしです」とブログやSNSで発信する人が増えるようになった。

ここから、女性が酒とツマミを求め1人で暖簾《のれん》をくぐる平成27年の『**ワカコ酒**』（テレビ東京系ほか）、ミステリアスな女子高生がラーメンマニアという『**ラーメン大好き小泉さん**』（フジテレビ系）なども人気に。しかも、これらのグルメドラマが深夜枠で放送されているのも面白い。夕食をとっくに食べ終わり、しかも深夜という改めてガッツリ食べるにはちょっと考えてしまうという、食事がテーマのドラマにはそぐわない時間帯だからだ。

個人で楽しむ視聴者が多い深夜枠に1人で自由に食を楽しむ内容がマッチしたこと

DRAMA

ワカコ酒

大ヒットグルメ漫画をドラマ化。1人飲みの楽しみを満喫している「呑兵衛女子」の村崎ワカコ。偶然見つけたお店でも迷うことなく暖簾をくぐり、夜ごと旬の料理と酒をたしなんでいる。そんな主人公が見せる酒とのつき合い方が視聴者から共感を集め、ドラマはシリーズ化。2019年の時点でSeason 4まで制作されている。

ワカコ酒 DVD-BOX 好評発売中
●発売元：2015「ワカコ酒」製作委員会／販売元：エスピーオー
●価格：11,400円(税抜)
©2015「ワカコ酒」製作委員会
©新久千映／NSP2011

DATA
テレビ東京系／2015年4月2日～6月18日（＊先行してBSジャパン、中国放送で放映）／原作：新久千映『ワカコ酒』／出演：武田梨奈・野添義弘・鎌苅健太 他

は大きいし、「おいしそう」「真似して食べたいけど、この時間に食べることができない」というむずむずした気持ちを、視聴者同士ツイッターなどで共有する楽しみ方もハマったのだろう。

家族や恋人が食卓を囲んで「おいしいね」とコミュニケーションを取るシーンはもちろん、見ていて心が温かになる。しかし、大勢ではなく1人でもいい。手作りはたしかにおいしいが、外食もそれはそれで楽しい。

家族の団らんにこだわらず、食のさまざまな楽しみ方があるというドラマが増えた平成後期には、ある種の解放感が感じられたのだ。

column

～テレビ局の平成ドラマ30年の変遷～

平成の30年間は、TBS、フジテレビ、日本テレビ、テレビ朝日それぞれが個性を出し、バランスよく時代に受け入れられていたのが興味深い。テレビ視聴率三冠王と呼ばれるものがある。これは「全日」と呼ばれる6～24時、「プライム」と呼ばれる19～23時、「ゴールデン」と呼ばれる19～22時台の視聴率、三つの時間帯の平均視聴率でトップを取ることを指す。

平成初期は、フジテレビがトレンディドラマで、視聴者が真似したいライフスタイルを巧みに提案。平成6年から平成15年は、『THE夜もヒッパレ』や『電波少年』、『恋のから騒ぎ』などのバラエティー番組で台頭した日本テレビに三冠王を奪取されるものの、ドラマでは次世代の俳優を2番手・3番手に置き、次クールの主役候補として育成。このサイクルが順調に回り、平成22年までトップを走り続けることになる。木曜22時の「**木曜劇場**」枠では『**白い巨塔**』『**Dr.コトー診療所**』など、中高年男性からも支持の高い人間ドラマを作り出したのも着目すべきであろう。

テレビ朝日、成功の要因

平成23年からは日本テレビがその強さを示しているが、平成初期からドラマで大きな挑戦を実らせ、三冠王に迫っているのがテレビ朝日だ。

平成3年から放送していた毎週月曜20時枠の「**月曜ドラマ・イン**」では、マンガを原作にしたドラマにアイドルを起用。平成6年に放送された高橋由美子主演の『**南くんの恋人**』、平成8年に菅野美穂が主演を務めた『**イグアナの娘**』など、名作として語り継がれる番組を生み出し、若者の支持を得ることに成功した。平成12年からは深夜の「**土曜ナイトドラマ**」枠を使い、旬の俳優を起用しながら新しいドラマ作りを目指し、平成30年には『**おっさんずラブ**』で大ヒットを飛ばしている。

またテレビ朝日は、テレビ視聴者の高齢化にともなった時流に乗ることにも成功している。もともとテレビ朝日は昭和の時代から、シニアの視聴者に人気を博すキラーコンテンツを作るのがとてもうまい局である。平成に入ってからも11年にスタートした『**科捜研の女**』や12年からの『**相棒**』シリーズでガッチリと視聴者を獲得。ロングランヒットにつながった。

TBSは一定して質の高いドラマを作り続け、平成26年からは毎週火曜22時の「**火曜ドラマ**」枠で『**重版出来！**』（平成28年）『**わたし、定時で帰ります。**』（平成31年）など社会性を前向きに織り込んだドラマを連発し、ファン層をつかんでいる。

昼帯ドラマと2時間サスペンスの終焉

平成後期には大きな「枠」がなくなっているのも特徴だ。一つは、昼の帯ドラマ。かつては『**大好き！ 五つ子**』（TBS系・平成11年）など人気ドラマを生み出した「**愛の劇場**」など、数局が主婦層をターゲットに月曜から金曜の午後にドラマを放送していたが、平成28年3月の『**嵐の涙～私たちに明日はある～**』（フジテレビ系）を最後に民放の昼帯ドラマは消滅。かつて「**火曜サスペンス劇場**」（日本テレビ系）、「**土曜ワイド劇場**」（テレビ朝日系）など各局にあった2時間サスペンスも、平成31年3月にTBSの「**月曜名作劇場**」が終了したことで、レギュラー放送はすべてなくなった。寂しいことではあるが、なにかが終わらねば、新しいことを始められない。令和になり、新陳代謝がどう起こるのか期待したい。

第2章

ゆとり・格差・家族と学校…平成の社会を描く

教育改革が本格化し、政権交代が行われ、非正規雇用の増加で貧富の格差も広まった平成。明治時代以降、唯一戦争のなかった時代であるが、混沌としていたのは事実だ。しかも大震災や水害など、大きな自然災害も相次いだ。そんな中で人々は新しい価値観を見出し、対応しようと懸命に生きてきた。はたしてドラマは、そんな平成の社会をどのようにとらえ、なにを映し出してきたのか……。混乱期におけるドラマの役割を検証する。

受験戦争とリンクする平成の社会システム

「お受験」とは小学校ないしは幼稚園受験を指す言葉で、一般的に広く認知されたのは平成6年放送の**『スウィート・ホーム』**（TBS系）からだろう。北海道から東京に転勤してきた井上家があるカリスマ教師と出会い、長男・翼の小学校受験にハマっていくというのが主なストーリーである。

このドラマでは、井上家の妻・若菜がお受験に熱心になるあまり、性格が厳しく変わっていく様子が描かれてはいたが、お受験をポジティブな目線で描いている。ドラマで野際陽子の演じたカリスマ教師・小沢頼子も実在のモデルがあるため、お受験の「ノウハウ」を観る感じでドラマを楽しんでいた親御さんも多かったのではないだろうか。

そして平成中期になると、受験ドラマは「ミラクル」や「一発逆転」を期待させるパターンが出てくるようになる。

受験ブームが生んだ反作用

平成17年放送の『**ドラゴン桜**』（TBS系）は、三流高校の学生に教師ではなく弁護士が、勉強ではなく「合格へのノウハウ」を教えるために呼ばれるという設定だ。弁護士である桜木建二を演じたのは阿部寛。学校法人の清算手続きのためにドラマの舞台である龍山高校に着任する。そんな桜木が東大受験をプロデュースし、成功する様子を描く。このドラマが支持されたのは、受験に漂っていた深刻さや重さよりも、「工夫する楽しさ」を前面に出したことだろう。

平成27年には、学年ビリの女子高生が、ある塾講師との出会いをきっかけに、慶應義塾大学に現役合格したという実話をもとにした『**映画　ビリギャル**』が大ヒットしたのも記憶に新しい。

平成29年には人気ブログをもとに、小学校受験をテーマにした『**下剋上受験**』（TBS系）が登場する。受験は決して「成績のいい子」だけが目指すことのできるステップだけではなく、大きなどんでん返しのチャンスとして描かれるようになっていく。「受験どんでん返しドラマ」で、また違った目線で描かれていたのが平成23年の『**下**

流の宴』（NHK）だ。

母親の福原由美子があまりにも教育熱心すぎて、長男の翔はすべてにやる気がなくなっている。翔にはオンラインゲームで知り合ったフリーターの宮城珠緒という彼女がいて、珠緒は翔との仲を認めてもらうために医者を目指すという内容だ。実力をつけて大学の医学部に合格する珠緒だが、最終的には珠緒を祝福しつつも翔が別れを告げる。その理由がこれだった。

「努力する人のそばにいるだけで責められているようだ」

学歴コンプレックスからの解放

これまで頑張るポイントをつかめなかった若者が、受験という大きな目標を立てることで潜在能力を目覚めさせるくだりは、観ているこちら側も達成感がある。珠緒や『映画　ビリギャル』の主人公・工藤さやかのように、着火点さえ見つかれば燃え上がるタイプはもちろんいる。が、『下流の宴』の翔の目線も、いまの若者たちの素直なつぶやきとして十分理解できるのである。

平成31年の『**わたし、定時で帰ります。**』（TBS系）では、将来の夢を熱く語る場

DRAMA

スウィート・ホーム

スウィート・ホーム　好評発売中
◉発売元：TBS／販売元：TCエンタテインメント
◉価格：DVD-BOX 22,800円（税抜）

北海道から東京に転勤してきた井上家を軸に、小学校受験に挑む３家族それぞれの奮闘を、コメディータッチながら細やかに描いた受験ドラマの名作。野際陽子演じる、厳しいながらも愛情溢れるカリスマ教師も話題に。また、このドラマの大ヒットにより、小学校受験を表す「お受験」という呼称が一般的に広まった。

DATA
TBS系／1994年1月9日～3月27日／脚本：西荻弓絵／プロデューサー：貴島誠一郎／出演：山口智子・布施博・とよた真帆・段田安則・深浦加奈子・橋爪功・野際陽子 他

に交じり、マイペースなプログラマーが疲れ切ってしまう場面があった。

夢は絶対持たなければいけないものなのか？　そこに向かって頑張らないとダメ人間なのか？　と考えている人も少なくないし、私自身こうした描写にシンパシーを感じることも多い。

平成後期の受験ドラマが描くサクセスストーリーに、高学歴そのものを目指すことをテーマにしているものは少ない。そこにあるのは、「自分は周りよりできない」というコンプレックスからの解放である。いまや多様な生き方の選択肢がある。学歴とは別の評価基準がもっと増えてもいいだろう。

ママカーストとマウンティングの人間関係

「ママ友」という言葉は、私が子どもの頃にはなかったように思う。しかし当然同じ地域のお母さん同士で情報交換や子育ての助け合いはあったし、その中で多少なりとも力関係の差もあったのだろう。

ただ、昭和のベビーブームの頃は、なかなか子ども一人ひとりに手をかけている余裕はなく、少々乱暴だが、「食べるものを食べさせていれば、子どもは元気に育つ」という感じさえあった。逆に子どもにつきっきりの母親は、「過保護」「教育ママ」などと揶揄されたものである。

それから核家族化・少子化になり、親はこれまで以上に、子どもへ時間もお金もかけられるようになってきた。同じ地域、同じ年頃の子どもを持つ母親と親しくなるきっかけの一つとして「公園デビュー」という言葉が生まれたのも平成初期、１９９０年代半ばである。

そんな中で、学校の行事には必ず参加し、ＰＴＡ活動も熱心にする集まりが自然とできるようになると、いつしかそれが「ママ友」という単位として行動することになったのではないだろうか。

グループができると、トップがいて、トップを盛り上げたりサポートしたりする2番手がいて、そのほかのメンバーも役割が決まる。こういったヒエラルキーの構築が自然とできるのはママ友に限らず、いつの世も人間が3人以上集まれば、必ず起こる現象だといえる。

ママカーストの暗澹《あんたん》たる現状

ママ友が難しいのは、自分だけが仲間外れになるならまだいいが、子どもにも影響をおよぼしてしまうので、和やかな関係を保とうと我慢をするところだ。そうすることで自然にグループ内で規則や序列ができ上がり、地域によってはそれが延々と伝統のように受け継がれていく場合もある。こうして格差のピラミッドが定着していくというわけだ。そんな状況に真正面から「おかしくない？」と異議を唱えたのが、平成20年の『**斉藤さん**』（日本テレビ系）である。

ママ友たちの間でなし崩しになっていることを、観月ありさ演じる斉藤さんが「ダメなものはダメ」と物申すという内容だ。子どもにも容赦はない。斉藤さんがズバリと問題点を指摘するのは、このドラマの見どころであった。しかしこのドラマは、ミムラ（現・美村里江）演じる真野若葉こそがキーマンであり、ママ友関係に「組み込まれて出られない」という現実を投影した存在だった。

彼女は前の幼稚園でママ友たちから孤立した経験があることで、日和見主義になっていた、という設定だ。そこから斉藤さんの助言にしたがって、親として成長していく姿には、多くの母親たちが自分と重ね合わせ、希望と勇気を持つようになったのではないだろうか。

ママ友という関係の「こじれ」の過程をリアルに描いたのが平成23年の『**名前をなくした女神**』（フジテレビ系）である。

このドラマでは、「名前をなくした」というタイトル通り、ママ友は子どもの名前の後ろにママをつけて「〇〇ママ」と呼び合う。そして登場人物たちは、誰の家庭が一番生活レベルが突出しているのか、ママとして成功しているのかなど、さまざまな条件で競い合っていた。

この母親同士の競争や格差を「ママカースト」と呼び、平成25年から26年にかけて、多くのメディアがその実態を特集するほどのキーワードになる。

平成28年、高級タワーマンション内でのセレブ主婦たちによる「タワマンルール（階数格差）」とママカーストによって起こるいじめや足の引っ張り合いが描かれた、菅野美穂主演の『**砂の塔〜知りすぎた隣人**』（TBS系）が話題になった。平成30年の『**義母と娘のブルース**』（TBS系）の第3話でも、効率を重視する綾瀬はるか演じる主人公が従来のPTAのやり方に反対し、その結果、たった1人で運動会を仕切ることになる、という展開が描かれた。このように、「ママ友」「ママカースト」は、定期的に取り沙汰されるテーマとなった。

増殖するマウンティング欲求

同じ環境での交流の中で、さまざまな条件から上下関係を競い合う、というのは当然、母親の間だけではない。平成26年に沢尻エリカ主演で放送された『**ファーストクラス**』（フジテレビ系）は、ファッション雑誌編集部を舞台に女性たちが敏感に周りを順位づけし、蹴落としていくという激しいバトルが描かれた。

しかも、番組の冒頭と最後に、主要人物の力関係を示した「マウンティングランキング」が発表されるという演出も加えられた。これが話題になり、「マウンティング」という言葉と現象は、一気に認知度を高めていったのだ。

このように、ドラマでは女性のコミュニティーでの競争・格差が多く描かれるケースが多いが、では、男性社会にマウンティングは存在しないのかというと、まったくの逆である。

昭和の高度経済成長期からバブル経済期にかけて職場経験がある世代は、それがマウンティングと気づかないほど上下関係に浸りきっている。男性社会であまりこの言葉が使われないのは、そういった人間関係の悩みがないわけではなく、感覚がマヒしているといっていいかも知れない。

平成中期からは働き方が変化し、出世を望まないサラリーマンが増え、上司から管理職の打診が来ても断るケースも多いという。マウンティングの世界とは無縁のようだが、そういった出世を望まない若者たちも、職場や社会的な立場では評価されなくても、本質的に持っている長所や才能を確認したいし、やがてそれは、他者と比較することで優位性を得たいという欲求に駆られるのである。

個性重視からの反動

マウンティングや格差は、平成後期からのバラエティー番組の企画で増えている格付けチェックをするコーナーや、また『プレバト!!』（TBS系）内のレギュラー企画である「才能査定ランキング」の人気にも、その影響がうかがえる。

「才能査定ランキング」では、タレントがお題に向き合う姿を観て、視聴者は、そのタレントの印象や権威と下された査定のギャップを楽しむ。つまり、視聴者はタレントが決して特別ではないと認識し、それまで感じていた格差をなくすのだ。

平成15年に発表されたSMAPの『世界に一つだけの花』がロングランヒットを続け、「ナンバーワンよりオンリーワン」と、競争意識より個性に価値を見い出そうという声も高まった。ところが今度は、その個性の中でマウンティング欲求が起こり、「マウンティング」「カースト」という言葉は頻繁に使われるようになる。

そもそも、日本人はランキングが好きな民族性といわれている。自分の好き嫌いの判断より、周囲の評価を基準にする傾向が強い。時代がどれだけ進んでも、人と人がプレーンに向き合う難しさを感じずにはいられない。

ドラマが挑戦した魑《ち》魅《み》魍《もう》魎《りょう》の政治の世界

平成5年、細川護熙《もりひろ》連立内閣が成立して自民党は下野。38年間続いた「55年体制」が終わりを告げる。翌年には長年のライバルだった自民党と社会党が手を組むという、驚天動地の自社さ連立内閣が誕生。だが村山富市内閣は約1年半しかもたず、橋本龍太郎総裁が総理となって自民党政権が復活する。

平成13年には小泉純一郎内閣が発足するも、平成18年の退陣後は3年の間に3人の首相が入れ替わり、平成21年には民主党（当時）が第一党として単独で政権を獲得。しかし、平成24年には安倍晋三首相が返り咲き、今に至っている。

このように、平成は政治の激動期ともいえる。そのために、ドラマになり得る題材はたくさんあったはずなのだが、残念ながら政治をテーマにしたヒット作品はあまり生み出されてはいない。

そもそもテレビ業界では、「政治ドラマは当たらない」といわれている。映画やスペシャル番組などで政界のハプニングや過去の政治家を描くものはあるが、連続ドラマでは難しいというのが実情だ。

政治ドラマがウケない理由

その理由として考えられるのは、ドラマは登場人物に自分を置き換え、無意識のうちに感情移入するのが醍醐味《だいごみ》なのだが、病院や警察とは違い、政治の世界はフィクションを成り立たせにくい。架空のキャラクターを設定したとしても、過去や現在における実在の人物とオーバーラップしてしまうからだろう。

平成6年の**『古畑任三郎』**、平成7年の**『王様のレストラン』**（いずれもフジテレビ系）などでヒットを連発し、飛ぶ鳥を落とす勢いだった三谷幸喜が平成9年、同じくフジテレビ系で**『総理と呼ばないで』**の脚本を担当するも視聴率的に苦戦。三谷は『週刊SPA!』（平成9年7月2日号）で、この結果について「『総理と呼ばないで』が、万人に受け入れられるものだとは思っていなかったんですけども、こんなに拒否反応が起きるとは思わなくて」と語っている。

ただ、私はこのドラマが大好きだった。時の総理大臣が、「支持率が、なんで落ちんの」とぼやくし、しくじったときに国民に向けて「ごめんなさい」と素直に謝る。このドラマの面白さは、政治家の失言騒動が続くいま、見返したほうがビビッドに響くかもしれない。

平成20年には木村拓哉演じる主人公が総理大臣となる『**CHANGE**』（フジテレビ系）がスタート。このタイトルは、バラク・オバマ米大統領候補（平成21年に大統領就任）が選挙演説で連発した「チェンジ！」という言葉にかけたものだ。平成29年には衆議院議員選挙に合わせ、普通の主婦が議員を目指すという『**民衆の敵～世の中、おかしくないですか!?～**』（同）が放送された。だが、こちらは、視聴率はあまりふるわなかった。

政治ドラマの場合、ハッピーエンドは難しい。視聴者は「そんなに、うまくいかないよ」と、現実と比較してしまうからかも知れない。かといってアンハッピーエンドとなると、やはり現実につなげて、いらぬ予想をし不安を抱えてしまうことになる。どこにゴールを持っていくかも考えどころだ。

さらに政治はさまざまな案件を同時に進行させるため、確実な終わりは存在しないに等しい。平成28年の映画『**シン・ゴジラ**』のようにゴジラを倒して終わりなら結末もつけやすいが、たとえば困難な法案や条約を成立させたとしても、大切なのはそのあとに待ち構える国民への影響だ。政治の事案は刑事ドラマの事件のように「解決して一件落着」というものではないのが、ドラマ的につらいところである。

『民王』のスマッシュヒット

そんな中、異例ともなるヒット作となったのが平成27年の『民王』(テレビ朝日系)だ。『半沢直樹』(平成25年・TBS系)の原作者でもある池井戸潤の同名小説をもとにしたヒューマンコメディーである。

ドラマの内容は、総理大臣の父と政治に興味のない息子の体と心が入れ替わるというもの。父と入れ替わった息子は勉強が苦手で、漢字も読めないという設定だ。「未曾有」を「みぞうゆう」と読み間違えるシーンも登場する。これは平成20年、学習院大学の「日中青少年交流行事」で当時の麻生総理が、あいさつの中で誤読したエピソードを想起させるものだ。

また、父親と入れ替わったものの、政治の世界をまったく知らず右往左往する息子に、官房長官や秘書といった面々が、その職務をかみ砕いて説明するシーンは、同じく「政治は難しい」と思い込んでいた視聴者にも、政治の世界の理解を広める効果があったのではないだろうか。

ハードルの高い政治ドラマ

また、平成28年に降って湧いたように起こったのが「田中角栄ブーム」である。田中角栄が政界を引退したのは平成2年、逝去したのは平成5年。この中途半端な時期に、なぜか40冊以上の田中角栄関連本が発売され、大いに売れた。このブームの要因について多くの識者が分析しているが、かつて「田中角栄の秘蔵っ子」と呼ばれた衆議院議員の小沢一郎が「オヤジが決断と実行をキャッチフレーズにした政治家だったからだと思う」と、『週刊朝日』のインタビューで語っていた。裏を返せば、誰もが時の政治にモヤモヤしていたということだろうか。

営業マンには、「政治・宗教・球団の三つは話のネタにするな」という鉄則があるらしい。政治は、個人の支持するイデオロギーが絡んでくるため、触れないほうが無難だという。ドラマも同じで、保守や革新、右と左というイデオロギーの描き具合によっては、現在ならネットでたたかれ放題になる。

DRAMA

民王 スペシャル詰め合わせ DVD BOX
好評発売中
◉発売元：テレビ朝日／販売元：東宝

民王

野心溢れる総理大臣の武藤泰山と、勉強が苦手だがやさしい性格の息子・翔の体と心が、ある日突然入れ替わってしまう。アクシデントが続く中、父と子は互いを演じるうち、大切なことに気づいていく。当時の政治情況を風刺的に描き、数々のドラマ賞を受賞。秘書の貝原茂平が主役のスピンオフドラマも人気となった。

DATA
テレビ朝日系／2015年7月24日～9月18日／原作：池井戸潤『民王』／脚本：西荻弓絵／出演：遠藤憲一・菅田将暉・高橋一生・本仮屋ユイカ・知英・山内圭哉 他

ドラマで政治を描くのは難しいが、『民王』が親子関係や入れ替わり、恋愛や就職などたくさんの要素を取り入れ、それをクリアした。

また映画ではあるが、三谷幸喜監督・脚本による4年振りの新作『**記憶にございません!**』が令和元年9月に公開される予定だ。国会で演説しているところ、投石を受けたことで一切の記憶をなくした、史上最悪の総理大臣が主人公の政界コメディーで、中井貴一が主演を務める。

このように、今後も新たなテイストの政治ドラマが生まれることを、期待したい。

「幸福度」と「生きにくさ」のギャップ

いわゆる「ゆとり教育」が始まったのは意外と早く昭和55年からだった。その後、段階的に学習指導要領の改訂が行われ、平成4年にはカリキュラムの精査や授業時間の削減、平成14年には小学校が完全週5日制になり、児童が自発的に学習を行う「総合的な学習の時間」が導入されることとなった。

現在、「ゆとり世代」と定義されるのは、平成4年と平成14年の改訂を受けた世代である。そしてこの「ゆとり」という言葉は、彼らが社会人デビューをはたしてからも、呪詛《じゅそ》のようにまとわりつくことになる。

ゆとり世代は叱られることに慣れていない、上昇志向がない、出世やお金に興味がない、指示待ちが多いなどのイメージでまとめられるようになってしまった。友だちとの予定や自分の趣味のために、残業や会社の親睦会を断わるなど、プライベートを優先するエピソードには事欠かず、年功序列・競争社会で生きてきた上の世代からこ

う言われることが多くなる。

「これだからゆとりは」

この言葉に対し、当人たちはこう返す。

「はいはい、ゆとりですが、それがなにか」

このジェネレーションバトルをドラマにしたのが、平成28年の**『ゆとりですがなにか』**（日本テレビ系）だ。

ゆとり世代が抱えるジレンマ

宮藤官九郎が脚本を手がけた『ゆとりですがなにか』の主人公、坂間正和、山路一豊、道上まりぶの3人は、昭和62年生まれのゆとり第一世代。食品メーカーの社員、小学校の教師、風俗店の呼び込みと仕事はバラバラだが、彼らはマイペースどころか、与えられた役割をはたそうと、懸命にもがいている。自分の弱さをよくわかっているのも特徴だ。

彼らをかき回すキーマンとして平成5年生まれ、ゆとり第二世代の山岸ひろむが「それって強制すか？」などと、世間一般が持つゆとり世代のイメージを集約したようなセリフを連発し、絶妙のコントラストを放っている。しかし、第一世代も第二世代も共通して描かれているのは、「ゆとり世代」というレッテルに振り回されつつも、本当に心にゆとりを持ちたいという願望を持ち、度量を大きく見せようと懸命に頑張る姿である。ドラマの中で登場人物が放つ、こんなセリフがあった。

「ゆとりなんか感じたこと一度もねぇわ！」

まさにこれが、「これだからゆとりは」と言われ続けた彼らの、声を大にして言いたい訴えなのだろう。

「自分探し」を続ける理由

バブル経済が弾け、景気が下降線をたどり、「生きにくい社会」といわれながらも、若者の生活全体についての満足感は、平成12年からおおむね高い数字をキープしているといわれている。平成17年頃から非正規雇用が増加して不安定な生活が広がったものの、平成22年までは「この生活に満足している若者」が高い水準をキープし続けた（内閣府『国民生活に関する世論調査』）。にもかかわらず「生きにくい」という訴えが多いということは、生活の満足度とはまた違ったところで「幸せでなければいけない」という、ある種、強迫観念に近いものを持っているとも考えられる。

平成中期からはネットやSNSの普及にともなって、なにげない日常を不特定多数の人々に発信するという場が増えたことにより、表層的に「ハッピーを盛る」ということへ、かなりパワーを使っているのだろう。私の職場である同志社女子大学でも学生たちが悩みを相談しに来るが、常に思うのは「ある程度のところで話をやめてしまう」もどかしさだ。まだまだ言いたいことはあるはずなのだが、話の途中で引き上げてしまう。心に自動ブレーキがかかるようで、もっと不満を言ったほうがすっきりするのではないか、と思う。

平成18年、JリーグやFIFAワールドカップで活躍した中田英寿選手による、「新たな自分探しの旅に出たいと思ったから」という現役引退時の発言が公式サイトに掲載され、「自分探し」という言葉が広まった。詰め込み型から自分で考える力を養うべく教育を切り替えられた世代が、居場所に悩む、自分が何者であるかを探し続けるというのは、矛盾しているようでいて当たり前のことなのかも知れない。

私は昭和37年生まれだが、昭和58年に放送された『**ふぞろいの林檎たち**』（TBS系）に共感した。登場人物たちはモテたいがためにサークルを作ったり、学歴の格差を突きつけられ就職に悩んでいる。私が大学に通っていた頃も、テニスサークルだけで200ほどあったから、個性など発揮しようもなかった。周りに認めてもらうには、新しいなにかをしなければいけないともがくのだが、かといって、なにをしていいかもわからない。必死で自分を「探して」いたのだ。十分に自己主張ができないまま、ただただ4年間がすぎていくあの焦燥感は、今も忘れない。

世代をまたいで通底する焦燥と不安

私たちの世代は、かつて「新人類」と呼ばれた。学生運動を「結局なにも変わらなかったじゃないか」と一歩引いていた自分たちと、バブル世代の我々を「結局、経済は破綻したじゃないか」と冷めた目で見るゆとり世代は、どことなく似ている。新人類世代は昭和の先輩方、とくに団塊の世代からは「わけのわからない存在」としてあつかわれていた。もしかしたら「これだから新人類は」と言われたことも、何度かあったかも知れない。

そして私たちも先輩方を、ある種冷めた目で見ていた部分があった。いまではすっかりなじんでしまったが、私も若い頃は職場で飲み会に誘われたとき、「なんで仕事

DRAMA

ゆとりですがなにか

食品会社の営業マン坂間正和、小学校教師山路一豊、風俗店呼び込みの道上まりぶの3人を中心に、「ゆとり世代」と揶揄される若者たちの苦悩と成長を描く。レンタルおじさんや意識高い系女子など、平成後期を象徴する人物を登場させ、ユーモラスなタッチでジェネレーションギャップを色濃く描いている。

ゆとりですがなにか Blu-ray BOX／DVD-BOX
脚本：宮藤官九郎
◉発売元：バップ
◉価格：Blu-ray BOX 22,000円（税抜）／DVD-BOX 17,200円（税抜）

DATA
日本テレビ系／2016年4月17日～6月19日／出演：岡田将生・松坂桃李・柳楽優弥・安藤サクラ・太賀・島崎遥香・吉岡里帆・手塚とおる・中田喜子・吉田鋼太郎 他

が終わったあとの飲みの場まで一緒じゃなきゃだめなんだ」と思ったものだ。「楽しみは自分の力で探し見つける」という価値観の団塊の世代と、いながらにしてさまざまな情報が流れてくる私たち世代との間には、これまでとは違うジェネレーションギャップが生まれていたと思う。その中で常に漠然とした不安を抱えてあえいでいた。

それは、今日のゆとり世代のジレンマと共通するものが多く、私たち新人類は理解できる世代だと思っている。時代というものは決して同じではないが、似たサイクルを繰り返す、らせん階段のようなものだからだ。

▶社会のあり方を問うハラスメントの実態

平成元年に流行語大賞の金賞を受賞したのが「セクシャル・ハラスメント」、略して「セクハラ」。いまではセクハラだけでなく、「パワハラ（パワー・ハラスメント）」「マタハラ（マタニティー・ハラスメント）」など、「ハラスメント」という言葉が各方面で多く使われるようになってきた。各企業・組織団体にも「ハラスメント相談室」「ハラスメント委員会」が設けられている。

ただ、ハラスメントという言葉自体は浸透してはいるが、社会に深く根づいたかどうか、疑問の残る部分も多くある。たとえば、「男女雇用機会均等法」ではセクハラ防止に必要な措置を講じることや研修実施を定めているものの、明確に禁止する規定はない（※令和元年6月現在）。もちろん、ほかのハラスメントに関しても同じだ。

そんな状況の中で、平成22年に放送されたのが『**泣かないと決めた日**』（フジテレビ系）だ。新たな職場で主人公がいじめにも似た教育や嫉妬に翻弄《ほんろう》される、というのは昭和のドラマでも数多く見られる展開であるが、『泣かないと決めた日』はキャッチコピーで「イジメは子どもだけのものですか」と銘打ち、社会派ドラマとしてパワー・ハラスメントの悲惨さを扱った。

『エイジハラスメント』と現実問題

また、平成27年の『エイジハラスメント』（テレビ朝日系）は、「若い女性の年齢によるハラスメント」がテーマだった。原作と脚本は内館牧子である。

これまでは、いじめを受ける主人公が恐怖と不安で悩み迷い、そこから段階を踏んで解決していくという展開が多かったが、本作は武井咲演じる総合商社総務課の新入社員・吉井英美里が、ハラスメントのたびに反撃に打って出て、上司や先輩を痛烈に批判する、という展開が注目された。

毎回、「女子社員は、うんと若いか、できるブスがいいよね」などといった少々露骨なセリフを散りばめることで、ハラスメントのテンプレートを置く。そのうえで、主人公に「テメェ、五寸釘ぶち込むぞっ！」という物騒な決めゼリフをあえて言わせたのが爽快であった。

しかし、現実には、このように声を上げることができる人が少ないからこそ、ハラスメントは深刻化する。よく、からかった側が相手の落ち込んだり不快感を示す態度に対して、「あなたは気にしすぎ」と言ってしまうことがあるが、あれはもはやいじめである。「いじり」と「いじめ」、どちらにとらえるかは、言葉を受けた側の感じ方で決まるのだ。

刃を向ける側から「痛いのは気のせいだ」と言われて、我慢する必要はない。「痛みを感じているんだ！」と怒っていい。『エイジハラスメント』はハラスメントに対して、声を上げていいのだ、ということを端的に描いたのだと思う。

さらすことができない心の奥底

平成30年には『**獣になれない私たち**』（日本テレビ系）が放送。本作は、新垣結衣、松田龍平、田中圭らが繰り広げるラブストーリーでありつつ、職場のパワハラを描いたシーンが大きな話題になった。

ワンマン社長から期待されるあまり、過重負担をかけられ続けたヒロインの晶《あきら》は限界を迎え、『幸せなら手をたたこう』を手拍子を取りながら、ささやくような声で歌という衝撃的な場面あるが、この名シーンを用意したのが、水田伸生監督だ。『獣になれない私たち』で描かれたのは、リアルに「追い詰められた人」の姿だった。ハラスメントに苦しむ人は、一定期間というか、あるところのボルテージに達するまでは優等生だ。本能を無理やりにでも押さえつけ、ギリギリまで理性を発揮させ、相手の要望に応えようとする。その態度がハラスメントを与える側に許容されているという勘違いをもたらし、よりエスカレートしていく。

その結果、ハラスメントを受け続けた人は精神的な病を患い、最悪の場合は自殺にまで至ってしまう。平成27年、広告代理店の電通で当時24歳の女性社員が自ら命を絶った。原因は1カ月の時間外労働時間が約130時間にもおよんだことによる過労だとされているが、パワハラやセクハラの被害にあっていたとの指摘もある。

さらにSNSの普及も、より自身を抑え込む傾向を加速化させた、といえるかも知れない。前項でも述べたが、大学の教え子の悩み相談で感じるのは、彼女たちが自分の心の奥底をさらすのが得意でない、ということだ。「さらけ出している」と言いつつも、「そこまででいいのか?」と疑問に思ってしまう。本人たちはさらしている気持ちになっているのだけれど、さらし切れていないのだ。

ブログやフェイスブックに書き込みをしても、本音はある程度の部分でストップしている。誰にも見られないようにこっそりと家の中に隠す日記帳とは異なり、非公開のつもりでも、なにかの間違いで友人、へたをすれば世界中に流出する前提はついて回る。すべてを吐露するわけにいかないのは、理解できる。ただ、そんなネット環境に親しみすぎたばかりに、1対1で行う悩み相談でも、核心に触れる前に自動的にストッパーが働く癖がついているのではないか。私がいろいろ相槌《あいづち》を打ち、どんどん聞く姿勢を見せていくと、ある瞬間をもって堰《せき》を切るように本音が出る。もっと人間関係の中で悩みの小出しをし、「私は傷ついている」ということをはっきりと言っていい、と伝えたい。

声を上げる必要性

セクシャル・ハラスメントという言葉は平成元年の流行語金賞に輝いた。そして平成30年の流行語大賞に「#Ｍｅ Ｔｏｏ（ミートゥー）」が候補に入ったことは、多くの識者が注目したところだ。「ハラスメントを受けた」というネットの訴えに、「Ｍｅ Ｔｏｏ（私も！）」というハッシュタグをつけて拡散させる。私はこれをネガティブな

DRAMA

獣になれない私たち

人当たりがよく周囲からの評価も高いが、実は職場でのパワハラや恋人との結婚問題を抱え疲れている深海晶。ある日、常連のバーで会計士の根元恒星と知り合い、次第に本音でぶつける仲になる。「バカになれたら楽なのにね」など、社会の生きにくさを反映した名言に多くの人が共感した。第37回向田邦子賞受賞作。

獣になれない私たち Blu-ray BOX／DVD-BOX
◉発売元：バップ
◉価格：Blu-ray BOX 24,000円（税抜）／DVD-BOX 19,000円（税抜）

DATA
日本テレビ系／2018年10月10日～12月12日／脚本：野木亜紀子／出演：新垣結衣・松田龍平・田中圭・黒木華・犬飼貴丈・伊藤沙莉・近藤公園・菊地凛子 他

イメージとは受け取っていない。「声を上げることができる」というフックが広まってきたのだと思う。

もちろん、女性が男性を訴えるだけがセクハラではない。逆も増えてきている。同じくパワハラも男性、女性ともに深刻な問題で、もっと声を上げるべきである。

令和元年5月、パワハラを防ぐため、企業に防止策を義務づける「労働施策総合推進法」の改正案が成立。早ければ大企業は令和2年、中小企業は令和4年に義務化される見通しとなった。ハラスメント問題解決に向けての一手になればと願う。

▶ドラマが描いてきた平成時代の貧富の格差

華やかなバブル景気の中で始まった平成だが、2年後にはそれが弾け、次第に景気は下降。未曾有の大不況が到来した。国が業界全体をコントロールする「護送船団方式」により、決してつぶれないといわれていた都市銀行が倒産し、名だたる企業も相次いで破綻。氷河期ともいわれる就職難に見舞われ、リストラの嵐が吹き荒れていく。この景気の急降下を体験した人々は、お金に対する価値観を大きく変え、ドラマでもそれが反映されていった。

バブル期のトレンディドラマで憧れのライフスタイルを描いてきたフジテレビの「月9」枠では、平成5年に**『ひとつ屋根の下』**が登場。裕福ではないが兄妹でつつましやかに生きる姿が描かれる。翌年の平成6年には同じくフジテレビで、織田裕二演じる主人公が、貧しい生活から一流企業でのし上がっていく姿を描いた**『お金がない!』**が「水曜劇場」で放送された。また同年に日本テレビで放送されたのが、貧困から窃盗を繰り返す少女を描いた『**家なき子**』だった。

フィクションの中の世界だった貧困問題

ただ、当時はまだ貧困を描いたドラマを俯瞰して見られたし、「同情するなら金をくれ」という『家なき子』の名ゼリフもあくまで流行語としてとらえられた。しかし、それからもいっこうに景気はよくならず、平成11年に放送されたのが『**夜逃げ屋本舗**』(日本テレビ系)である。

そもそも『夜逃げ屋本舗』は映画が先で、平成4年に第1作、翌年に第2作、平成7年に第3作が公開されている。つまり、テレビドラマ化は3作目が公開されてから4年後だった。この、微妙な期間が空いてからのテレビドラマ化は珍しい。その答えは、第1話のタイトル「大不況につき営業を開始いたします」にある。

映画化された頃は、「そのうち景気ももとに戻る」という楽観論もあった。にもかかわらず、不景気の出口は、なかなか見えそうにない。そんな時代に、映画で好評を得たこの作品をテレビに登場させた。しかも、「夜逃げ」というダークなテーマであるにもかかわらず、深夜枠でなくプライムタイムでの放送だった。

映画では、まだ「完全なフィクション」として観ていた人たちが、ドラマ化されたときには「明日はわが身」という立場でとらえていたかも知れない。それほど平成11年は、焦燥感に駆られた不安の大きい時代だったのだ。

しかし2000年代に入ると、ITに代表される新しい技術と知識、そして才能を存分に発揮し、短期間にして莫大《ばくだい》な財産を築く若者が登場。ITバブルと呼ばれる一部集中型の好景気が到来した。彼らは平成15年にオープンした六本木ヒルズを拠点とすることが多かったため「ヒルズ族」とも呼ばれた。この状況をモデルにしたドラマの一つが、平成24年の『**リッチマン、プアウーマン**』（フジテレビ系）だ。

小栗旬演じる日向徹は高校中退ながら、個人サイトの運営から日本最大のSNS企業の社長にのし上がる。一方、石原さとみ演じるヒロインの夏井真琴は東京大学理学部に在籍する4年生で、高学歴ながらも就職活動に苦労しているという設定だ。

本作はITバブルが少し去ってからの時期の放送で、当時のネットベンチャーに対する効率主義や経済効果への重視、仕事があまりにも生活の中心になっていることへの皮肉も含まれていた。

さらには、このドラマが放送された前年の平成23年は、大卒者の就職率が史上最低を記録している。主人公の2人の設定は、そういった格差を明確にあぶり出し、そしてお互いが足りないところを補い合い成長していくという、大きな救いが描かれたのだった。

貧困を真剣に考える時代

闇金融とそこに訪れる人々の人間模様を描いた『**闇金ウシジマくん**』（TBS系）は深夜枠ながら大ヒットを記録。平成22年の放送を皮切りに、26年、28年とシリーズ化され、映画化も四度されている。原作漫画は平成16年から『週刊ビッグコミックスピリッツ』（小学館）で連載が開始、平成31年3月に最終回を迎えた。

綿密な取材を重ねたその内容は、まさに平成後半の格差社会を映し出している。作者の真鍋昌平は『東洋経済オンライン』のインタビューで、連載15年間の大きな変化として、情報商材ビジネスの浸透を挙げ、「情報をうまくとらえることができる人とそれができない人の間で、落差が大きくなっている」と語っている

そして平成後期は貧困を真剣に考える時代となる。厚生労働省の発表によれば、平成29年は月平均の生活保護受給世帯が約164万世帯と過去最多を更新し、25年連続

で増加。こういった問題を背景に平成30年には『**健康で文化的な最低限度の生活**』（フジテレビ系）が放送。「東京都東区役所」の福祉事務所という架空の役所に籍を置くケースワーカーたちの奮闘を描き、生活保護のリアルに迫った。

原作は柏木ハルコによる漫画で、やはり『週刊ビッグコミックスピリッツ』で平成26年から連載、本作は自治体職員の研修にも使われているという。

新たな「豊かさ」を見出す

ただ、平成初期から中期に比べ、現在の景気は悪くないともいわれている。日経平均株価も2万円台をつけ、バブル直前もしくは崩壊直後の水準にまで戻している。それでも日本の貧困率は、世界的にも高い水準だ。

厚生労働省の「国民生活基礎調査」によれば、平成27年の貧困率は15・6％（熊本県を除く）。世界的に見ると、経済協力開発機構（ＯＥＣＤ）の調査では先進7カ国ではワースト2位（２０１５年）となっている。「東京地区私立大学教職員組合連合会」の調査によると、平成30年に首都圏の私立大学へ入学した下宿生への親からの仕送り額は８万３１００円。これは昭和60年の調査開始以来、過去最低だ。

MOVIE

映画 闇金ウシジマくん ザ・ファイナル
Blu-ray＆DVD
◉セル版_発売元：小学館・SDP／販売元：SDP ◉価格：Blu-ray通常版 4,800円（税別）・DVD通常版 3,800円（税別）

映画 闇金ウシジマくん ザ・ファイナル

闇金業者・丑嶋馨を中心に、金と欲望に翻弄される人間模様を綴った人気シリーズの完結編。丑嶋が金融の道に入ったそのルーツが明かされるとともに、中学時代の同級生・竹本を通じて、貧困ビジネスの壮絶な実体が描かれている。どんな劣悪な環境になろうとも人に失望しない竹本に、丑嶋が最後に紹介した仕事とは……。

DATA
東宝映像事業部・SDP配給／2016年10月22日公開／上映時間130分／原作：真鍋昌平『闇金ウシジマくん』／監督：山口雅俊／出演：山田孝之・綾野剛・永山絢斗・安藤政信 他

景気が右肩上がりだった高度経済成長期のように、「一生懸命働けば報われる」「終身雇用で安定した生活が得られる」という時代ではなくなった。

そんな中で、若者のお金に対する価値観は「お金になんか振り回されたくない」「生活が少々苦しくても気の合うごく少数の人たちとすごすことが大切」という感覚に変化。よりサービスが増えていくネット環境を使い、世の中の固定観念にとらわれず、定額サービス、レンタル、シェアリングなど、さまざまなアイデアや価値観を生み出し、新たな時代の「豊かさ」も見つけ出している。

明朗な青春学園ドラマから遠く離れて

いつの時代も「学園ドラマ」は人気のジャンルだ。それは、いま自分が置かれている状況と比較する現役の学生に加え、かつて学生だった大人たちも懐かしさをおぼえるからだろう。そして、どの作品にも共通しているのは、「教育への情熱」である。これを世相に合わせてどう表現するか、制作スタッフは手を変え品を変え取り組んでいる。昭和53年の『**熱中時代**』（日本テレビ系）しかり、昭和54年からスタートした『**3年B組金八先生**』**シリーズ**（TBS系）しかり、平成10年の『**GTO**』（フジテレビ系）や平成14年から放送された『**ごくせん**』**シリーズ**（日本テレビ系）といったヒットドラマも同じである。

昭和の学園ドラマには、夏木陽介の『**青春とはなんだ**』に始まる「青春学園シリーズ」や中村雅俊の『**ゆうひが丘の総理大臣**』（いずれも日本テレビ系）などがあった。これらに共通するのは、「学校より世間より、なにより生徒が大事」という、熱意のある教師像だった。これは先の平成の学園ドラマでも踏襲しており、熱い情熱を持って生徒と向かい合う教師の姿は、昭和世代にとっては懐かしい感じすらあった。

たとえば、『GTO』の主人公、反町隆史演じる鬼塚英吉の場合、三流大学の出身で、女子高生とつき合えるかも、というふざけた理由で教師になったが、それでも、誰よりも生徒のことを思い、意に沿わないバッシングに全力で立ち向かっていく姿が反響を呼んだ。

ただ、これはどんなジャンルにおいてもいえることだが、続編はやり方を間違えると、とても寒い作品になってしまう。人気作品の新シリーズを定期的に打ち出せるのは理想的だが、ドラマは脚本、演出、キャスティング、放送するタイミングがとても重要だ。いつも新しい学園ドラマを待ち望んでいる視聴者は潜在的に存在するが、世相とずれると視聴者になにも伝わらなくなってしまう。また、平成24年に放送された『GTO』の続編のように、主役のキャスティングを変更するのは、ハードルが高くなるのは言わずもがなだ。

学園ドラマの金字塔『3年B組金八先生』は、平成19年の第8シリーズが最終となった。金八先生を演じる武田鉄矢が人気シリーズを支える原点であるため、教師は変わらず、生徒が1作ごとに変わっていくパターンとなった。武田は当然ながら歳を取っていくが、生徒は「3年B組」のままなので、毎回中学3年生を相手にするストーリーとなる。

初期は若さでぶつかり、生徒と同じ目線で悩みを真正面から受け止めるというスタイルだったが、これが生徒との年齢差が開くほどやりにくくなるのは仕方がない。同じ内容の話をしても、やはり説教臭くなっていく。それを避けるため、金八先生もどんどん話し方がやさしくなるので、世相を反映しながらも、同じテイストを保ちつつファンを定着させるのはとても難しいのである。

『女王の教室』が示した提言

さらに、多くの学園ドラマで特徴的だったのが、教師の「友だち化」だ。登場する学生は教師を「○○先生」とは呼ばない。「金八っつぁん」であり「鬼塚」であり、「ヤンクミ」だ。これは互いの信頼感、距離の縮まりを表す重要なポイントでもあった。平成初期には「友だち親子」なる言葉が登場した。親は威圧的な態度を子どもに取らず、叱ることも少ないので、友だちのように仲のいい関係ができるというものだ。

反抗期はないけれど、そういった関係性では解決できないことが親子間で起きる場合もある。しかし、子どもは反抗に慣れていないので、どう自立していいのか悩んでしまう。そんな問題が増えてきたのも事実であった。

これに一石を投じたドラマが、平成17年の『**女王の教室**』（日本テレビ系）だ。脚本は『GTO』にも参加した遊川和彦。友だちのように理解し合うのはいいが、「波風立てず穏やかな関係を続ける」という風潮に問題提起したドラマだった。

半崎小学校の6年3組の担任になった天海祐希演じる主人公の阿久津真矢は、あれをしろ、これをしろ、と首根っこをつかんで強制するわけではない。冷たく「自分で考えなさい」と放り投げる。ある種、平成時代における、自立に向けての「スパルタ教育」を実践したのだと思う。生徒たちのトラウマをあえて授業中にさらすなど過激なシーンも盛り込まれ、賛否両論あったものの、大きな話題を呼んだことから、多くの人が考えさせられたに違いない。

学園ドラマに求められるもの

平成の学園ドラマでは、教師だけでなく、生徒のあり方も大きく変わっていった。

昭和の学園ドラマというのは、不良がいて、優等生がいて……と、生徒たちをシンプルに個性分けし、問題を起こす役割、それをかばう役割、先生を助けるサポーター的役割で配置させ、クラス一丸でトラブルやアクシデントを乗り越えたものである。

しかし、問題を起こす生徒の陰で見逃されている「真面目な生徒の苦悩」も存在する。それを取り上げたのが、平成23年の**『鈴木先生』**（テレビ東京系）で、平成25年には映画化もされた。

このドラマで印象深かったのは第7話。当時新人教師だった鈴木先生は、掃除をサボり、問題を起こす子にかかりきりで、たった1人で掃除当番を守り続ける「普通の子」の丸山康子には、やさしい言葉をかけるだけだった。その康子が卒業後、亡くなったことを知る。鈴木先生は彼女の日記を読み、1人でも掃除当番を守ってしまう「真面目で普通な自分」に疲れはてていたことに気づくのだ。映像で描くには非常に難しいテーマだと思う。だからこそ、こういった目立たない生徒が少しずつ問題児の陰で神経をすり減らしていく姿を、「心の摩耗」という言葉を使って丁寧に描いた『鈴木先生』は大きな意味があった。

これからも学園ドラマは作られ、必ず一定層の支持を得るだろう。平成31年4月か

MOVIE

映画 鈴木先生 通常版DVD
●発売元・販売元：KADOKAWA
●価格：4,700円（税抜）

映画 鈴木先生

人気テレビドラマの映画化。緋桜山中学の国語担当教師・鈴木は、独自の教育理論「鈴木メソッド」にもとづいた理想のクラスを目指し日々奮闘していた。しかし２学期になったある日、OBが学校に立てこもり、彼が特別に注目していた女子生徒の小川蘇美が人質に取られるという事件が発生。クラス一丸となり救出が始まる。

DATA

角川書店・テレビ東京配給／2013年1月12日公開／上映時間124分／監督：河合勇人／出演：長谷川博己・臼田あさ美・土屋太鳳・風間俊介・田畑智子・富田靖子 他

ら放送された**『俺のスカート、どこ行った？』**（日本テレビ系）では、女装家の教師が登場。ＬＧＢＴに理解の広まった世相を反映した新しい教師像だが、その本質はやはり「熱血」である。

現在は、エネルギーを持てあました生徒が校舎の窓ガラスをたたいて壊すような時代ではない。なにも壊さず、表面上は穏やかだが、その水面下では友人関係などでなにかが壊れていく。学園ドラマは、そんな生徒の内面を理解するヒーローを求めている。未成年をあつかうドラマは「希望」が必要だ。時代が移り、子どもたちの環境が変化しても、それに変わりはない。

価値紊乱《びんらん》者たちの平成スタイル

1990年代半ば、「あれはいったいなんだったんだろう？」という若者の突然変異が起きる。いわゆる「コギャル文化」である。とくに真っ黒に日焼けした（もしくはそのようなメイクをした）女の子たちが、渋谷を中心として一世を風靡《ふうび》した。

彼女たちのスタイルは、男の気を引くファッションではない。モテを意識していないどころか、むしろ逆である。奇抜なメイクを落としたほうが、きっと一般的な評価は高いはずだ。それでも「ガングロ」もしくは「ヤマンバ」と呼ばれるメイクをする。あれはなんの主張だったのか。今でも不思議に思う。

一つ理解できるのは、彼女たちは周囲から「カワイイ」と言われたくてガングロにしていたわけではない。その自己主張の先に、対異性や承認欲求はない。「モテる」「よく見られたい」を打ち消して、攻撃的にその先を見すえる。いわば女性の自立の表現だったのかも知れない。そう考えると、すごくカッコいいとも思える。これはコギャル文化が消え去ったいまでも、若い世代に大きな影響を与えている。

コギャルはなにも「ガングロ」「ヤマンバ」だけでなく、ほかにも新たなカルチャーを生み出している。雑誌『Ｃａｗａｉｉ！』（主婦の友社）、『ｅｇｇ』（ミリオン出版・大洋図書）が流行し、高校生たちが読み手であると同時に、「読モ」（読者モデル）と呼ばれる発信側に回り、時代を盛り上げた。女子高校生、すなわち「ＪＫ」がブランドでもあったのだ。

コギャル文化の深層

80年後半は「おニャン子クラブ」がブームを起こすが、ヒット曲『セーラー服を脱がさないで』のタイトルや歌詞から見てもわかるように、彼女たちは十二分に男性の目線を意識してプロデュースされたグループだった。

しかし、90年代のコギャルはまったくの逆。確実に女性の自立は強まり、自分の力やセンス、考えを発信できるという時代の風に乗っていた。もちろん、そこには「メディアがサポートをする」という部分が大きかったが。

このコギャル文化は、渦巻くような若さのエネルギーが時代を動かしていた証しでもある。彼女たちはバブル期の雑誌やドラマにおいて、異性にモテることが常に大きく取り上げられる様を、冷静に見つめていたのだと思う。

そんな風潮を反映してか、90年代は男性目線を意識したアイドルが不在の時期だった。女の子たちが憧れるのは安室奈美恵。彼女たちは、男性よりも才能溢れる同性を神格化した。そこには「恋愛」ではなくて「自分の価値」を模索し、目標となる人を探していたのではないだろうか。

コギャル文化は自己アピールであり、それはコンプレックスを打ち消したい、乗り越えたいという変身願望でもあったのだろう。当時のメディアにとっても、これほどありがたい存在はなかったと思う。

現在は「離れ」の時代であり、自動車、海外旅行、テレビなどなど、「○○離れ」が著しい。昭和のように一斉に流行に群がって熱狂するということはなく、個々が膨大な選択肢の中でやりたいことをチョイスするので、若者の行動の特徴づけが難しい。それだけ個性を伸ばしやすい証拠でもあるのだが、まとめてなにかを語りたいメディア泣かせであるのはたしかだ。「マスコミ」の「マス（大衆）」に訴える情報が定まりにくい時代、こうしたブームはもはや起こり得ないだろう。もはや時代は「大衆」から「分衆」にシフトしているからだ。

大人に対しての不信感

この90年代後半から巻き起こった「10代の暴走」を、見事に切り取ったのが平成12年の**『池袋ウエストゲートパーク』**（TBS系）だ。平成11年に大ヒットした石田衣良の同名小説を、これが連続ドラマの脚本デビューとなる宮藤官九郎がスピーディーな展開で描き切った。

この頃は10代が時代を牽引していたが、大人から見たらなにをしでかすかわからない「恐るべき子どもたち」の側面も持っていた。流行を作るけれど、暴走すると破壊に向かう。『池袋ウエストゲートパーク』は、そんな若者たちの危うさを描いている。ヤンキーでもチーマーでもない「カラーギャング」を、窪塚洋介がエキセントリックに演じていたのが印象的だった。

ドラマの舞台となった池袋西口公園は、東京オリンピックに向けての大改修工事がスタート。その際の豊島区長の記者会見では、『池袋ウエストゲートパーク』の話題も出ている。ドラマの大ヒットでギャル文化やカラーギャングのイメージが定着し、今回の大改修は、それを払拭する意味もあるのだとか。ドラマがそれだけ街のイメージに影響を与えたというのは、すごいことである。

成熟した10代を生きる若者たちは、ほかにもさまざまなドラマで描かれている。平成13年の『R-17』（テレビ朝日系）は若さの暴走、さらには覚せい剤の蔓延《まんえん》というショッキングなテーマをあつかっていた。

平成18年には、ギャルたちのサークル「ギャルサー」と彼女たちから人気を得たダンス「パラパラ」をあと追いする形で、『ギャルサー』（日本テレビ系）が放送。当時職場の後輩から、子どもをパラパラ教室に通わせている、と聞き、ギャルたちが自由にチームを組んで踊るイメージの強かった私は、「パラパラって習えるのか」と驚いたのをおぼえている。

新時代の10代が起こす新たな波

そして平成30年、コギャルたちのカリスマでもあった安室奈美恵が引退した。引退日の9月16日には、長年応援してきた「アムラー世代」のファンたちが渋谷に詰めかけた。一方で、ギャル文化を盛り上げた雑誌『egg』は平成26年に惜しまれつつ休

DRAMA

池袋ウエストゲートパーク DVD-BOX
◉発売元：TBS／販売元：NBCユニバーサル・エンターテイメント
◉価格：22,800円（税抜）
©TBS

池袋ウエストゲートパーク

「池袋のトラブルシューター」と呼ばれる真島誠が、数々の難事件を解決していく。誠を演じる長瀬智也のほか、池袋に絶大な影響力を持つギャング集団「Gボーイズ」を仕切るキング役の窪塚洋介、池袋を仕切る暴力団「羽沢組系氷高組」の構成員サル役を演じた妻夫木聡など、若手実力俳優が結集した1作だった。

DATA
TBS系／2000年4月14日〜6月23日／原作：石田衣良『池袋ウエストゲートパーク』／脚本：宮藤官九郎／出演：長瀬智也・加藤あい・窪塚洋介・妻夫木聡・渡辺謙 他

刊したが、令和元年5月1日にファンからの熱い支持を受けて復活号が発売されている。

女性アイドルも、2000年代になってからはモーニング娘。やAKB48が人気を集め、その後グループアイドルが次々に生まれている。現在のアイドルは男性ファンだけでなく、女性ファンからの支持も高いのが70年代や80年代と異なるところである。

90年代に大人たちを翻弄した10代、20代の「自分たちの好きなことを思い切り楽しみたい」エネルギーは形を変えながらも、新しい時代にふたたび炸《さく》裂《れつ》しそうだ。

崩壊と再生を繰り返してきた家族の肖像

家族関係は、いつの世も永遠のテーマといえるが、平成は30年間を通し、より多角的にドラマに取り上げられたように思う。平成の初期にはメディアの報道や民間団体による防止活動の活発化によって、児童虐待が社会問題化していく。平成6年放送のドラマ『**家なき子**』（日本テレビ系）は、「同情するなら金をくれ」というショッキングなセリフが流行語となったが、背景に児童虐待という重いテーマがあった。

平成11年には児童虐待のトラウマを抱える3人の主人公を描いた天童荒太の小説『**永遠の仔**』（幻冬舎）が話題になり、その翌年に「児童虐待の防止等に関する法律」が施行。同作は平成12年に日本テレビ系でドラマ化され、原作にある重いテーマをにごさずに描き切り、問題の深刻さを社会に突きつけた。その後も虐待問題を正面から取り上げた平成22年放送の『**Mother**』（日本テレビ系）が話題になったのは記憶に新しい。

『家政婦のミタ』が見せた親子関係

「向き合えない」家族の問題を、第三者的な目線から描き出したドラマが平成後期に登場した。テレビドラマが斜陽を迎えたと揶揄する向きも増えた平成23年に、最終話で40％（関東地区・ビデオリサーチ調べ）という高視聴率を記録した**『家政婦のミタ』**（日本テレビ系）である。

松嶋菜々子演じるミタ（三田灯）の一切笑わないというキャラクターは、視聴者に強烈な印象を与えたが、このドラマのキーマンは長谷川博己演じる父親の阿須田恵一にあると考える。子どもとどう接していいのか迷う父親は多いだろうし、そんな戸惑いを描くドラマも多い。だが『家政婦のミタ』は根本的に違った。その父親の迷いを美化せず、ストレートに描いたのだ。

ある日、幼稚園年長組の娘・希衣が「希衣はパパが大好き。パパは希衣が好き？」とたずねる。それに対する恵一の答えは、「わからない」というものだった。

ドラマのセリフとして、よく世に出したと思う。この、恵一が抱く戸惑い。忙しいときはいいが、家族と触れ合う時間ができたとき、なにをすればいいかわからない、

「困っちゃったな」という感じは、子育てに悩む誰しもが、一度は抱いたことがある感情だろう。仕事が忙しく短い時間しか子どもと接することができない人は、その限られた時間に自分の気持ちや愛を凝縮して伝えようとする。だが、なにをすれば子どもが喜ぶのか、漠然としすぎている。子どもの顔色をうかがい、話しかけ、興味がありそうなことを探る。

だが、子どもには子どもなりのタイミングがある。構ってほしくないときにすり寄られても、今度はこちらが「困っちゃったな」になる。ここで需要と供給のバランスが崩れてしまい、親は「なにもできない」という焦燥に駆られる。一緒にいるときくらいなにかしてあげたい、けれどなにをしていいのかわからない。結果、体が動かなくなる、という負の連鎖が起きる。「なにかしなければ」という使命感。親としての責任感に圧迫され、場合によってはサービス過剰になってしまう。プレッシャーに疲れてストレスがたまり、逆に子どもと向き合うことが怖くなっていくこともある。

現実的に『家政婦のミタ』の父親のように、子どもに向かってあそこまで正直に言葉に出して言える人はなかなかいない。そんなことを思うだけでも、親として不適合ではないのか、と落ち込んでしまう人が、ほとんどではないだろうか。

そんな誰にも言えない悩みを最低限のセリフで、「悩んでいるのはあなただけじゃない」と『家政婦のミタ』は発信した。相武紗季演じる叔母のうららも、子どもたちを心配し、あれこれと世話を焼くが空回りし、逆効果となって子どもたちにうるさがられる。その「うまくいかなさ」に共感し、救われた人も多いと考える。

「毒親」というキーワード

また、平成中期から後期にかけて、「毒親」という言葉が広まったことも、家族のイメージに大きな変化を生んだ。「親がうるさい」というのはどの時代にもあったが、うるさいとはまた別の、強すぎる愛情、威圧的な善意など、親との相性の悪さやすれ違いを「毒親」と表すことで、しっくりと当てはまった人が多かったのだろう。

告白エッセイを中心とした毒親関連の本も多く発表されヒットし、平成29年には、とても教育熱心だが子どもが自分に逆らうことが受け入れられない親と、その子どもの苦悩を描いた『**明日の約束**』（フジテレビ系）、娘に恋人ができたことで、友だちのように仲のよかった親子関係が崩れていく『**お母さん、娘をやめていいですか？**』（NHK）が放送されて話題となった。

毒親という言葉により、「どんなに酷《ひど》い親でも、子どものことを考えている」という、それまでの常識が揺らいだことは大きい。一番の味方というイメージが圧倒的だった親。平成後期になっても、もちろんその見方は根強いが、「毒親」という言葉が認知されることで、親は「一番厄介な人」というカテゴリーにも入ることになる。

ホームドラマの永遠のテーマ

このように、平成時代は全般を通して家族の崩壊や、親との絶対的だと思っていた関係に揺らぎが見えるドラマが多かった。その反面、平成23年の『**マルモのおきて**』（フジテレビ系）では、亡くなった親友の双子を引き取り、本当の親子のような絆が生まれていくストーリーがファミリー層に絶大な支持を得た。平成28年には特別養子縁組をテーマにした『**はじめまして、愛しています。**』（テレビ朝日系）など、さまざまなつながりを描写したドラマも数多く放送されている

平成22年に放送されたドラマに、『**フリーター、家を買う。**』（フジテレビ系）があったが、仕事が長続きしない長男、それを責める仕事人間で頑固な父親とのぶつかり合いで、静かに家庭崩壊が起こるドラマだった。最終回では、長男の誠治を正社員とし

DRAMA

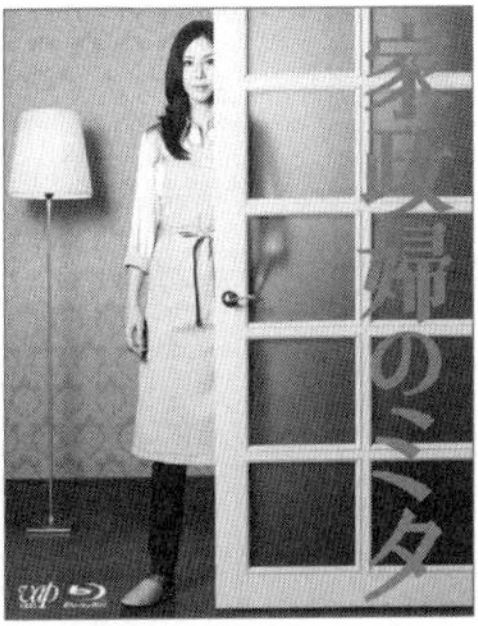

家政婦のミタ Blu-ray BOX ／ DVD-BOX
監督：佐藤東弥ほか
◉発売元：バップ
◉価格：Blu-ray BOX 23,000円（税抜）／ DVD-BOX 18,200円（税抜）

家政婦のミタ

母親の死により家庭がバラバラになりかけていた阿須田家に、家政婦としてやってきた三田灯。彼女は、頼まれれば「承知しました」の一言でどんな依頼でも引き受け、しかもまったく笑顔を見せない。しかし、その三田の型破りな行動により、家族は絆を取り戻していく。ドラマ人気は「ミタ現象」と呼ばれるほどに。

DATA
日本テレビ系／ 2011年10月12日～ 12月21日／脚本：遊川和彦／出演：松嶋菜々子・長谷川博己・相武紗季・忽那汐里・中川大志・綾部守人・本田望結・野波麻帆 他

て雇い入れる社長のもとに父親の誠一があいさつに行く。そのとき、社長から「うちもですね、息子に言われてますよ。オヤジのようにはならねぇって」と告げられ、誠一も本音を語り出す。「実は私、あなたに嫉妬してました。誠治はあなたのことを尊敬してます。やっぱり父親として、悔しいじゃないですか」と。そして、「一緒ですよ」「一緒なんだ」と安心したように笑い合うのである。

　家族は温かい。しかしその反面、家族ほど難しいものもない。これこそホームドラマの永遠のテーマといっていいだろう。

▶労働の喜びと苦しみの境界を往還する

牛若丸の格好をした俳優の時任三郎が、昭和63年に発売された栄養ドリンクのＣＭで歌った曲が『勇気のしるし』。歌詞にある「24時間戦えますか」は同製品のキャッチフレーズでもあった。バブル経済期は24時間ずっとビルの明かりが消えないことから「不夜城」と呼ばれる会社もあったほどで、このキャッチフレーズはそんな世相を切り取った一言である。

しかし長時間労働に対して国際的な批判の声が上がり、同年の労働基準法改正で、それまで1週間に48時間だった法定労働時間は40時間に下げられ、平成4年には国家公務員の完全週休2日制が実施される。

だが、すぐに就業サイクルを変えるわけにもいかず、しかもバブル経済が弾けると残業手当を抑えるため、「サービス残業」なるものが出てくる。これは会社の命令ではなく、あくまでも労働者が自発的に行う残業なので、会社は手当を支払う必要がない。しかも中には、勤務時間中に終わりそうもない量の仕事を与えられたり、着替えや就業準備の時間を労働時間に含まなかったり、形だけ残業手当のつかない管理職にするなど、会社側の悪用も指摘されている。

平成中期の終わり頃からネットで使われ始めたのが「ブラック企業」という言葉だ。この言葉の認知度を高めたのは、平成21年に公開された映画**『ブラック会社に勤めてるんだが、もう俺は限界かもしれない』**である。映画は巨大掲示板「2ちゃんねる」に書き込まれた実体験をもとに制作され、これにより就活中の学生の間で「ブラック企業」への対策が始まり、ネットでは「あの企業はブラックらしいよ」などと、情報交換が盛んになっていった。

「景気の安全弁」としての派遣

平成の30年間でもっとも特徴的なのが「派遣社員」もしくは「契約社員」という働き方だ。派遣社員は専門業者によって企業に派遣される社員をいい、契約社員は期限が定められた契約にもとづいて雇用される社員をいう。昭和61年に「労働者派遣法」が施行されてから、一気に人材派遣市場は拡大した。しかし、バブルが崩壊し景気が悪くなってからは、その雇用条件が大きく変わっていく。そんな、いわゆる「非正規雇用」の働き方という点で、リアルな目線を投げかけたのが平成19年の『**ハケンの品格**』（日本テレビ系）だろう。

篠原涼子演じる主人公の大前春子はさまざまな資格を取得していて、トラブルが起こったり業務が滞ったりすれば、彼女がその知識と技術ですべて解決してしまう。しかも定時にきっちり帰り、必要以上のことはしない。周りは、そんな春子に最初は眉をひそめるのだが、次第に結果を出す仕事ぶりと人間性を認めていくという内容だ。が、それと同時に、正社員ではないことへの差別なども描かれた。春子の極端なほどスキルが高い設定は、「そんな彼女でも、正社員と格差がある待遇を受けなければならない」という、当時の派遣問題を鮮明に描いていたのである。

ドラマ放送に先立つ平成11年、法律が改正され派遣対象業務の原則自由化が認められ、平成16年には製造業における派遣社員が解禁された。これにより、ほとんどの業種で派遣社員が働けるようになる。となれば、本来固定費である人件費を、状況によって変化する変動費に変えようとする企業は、正社員よりも派遣社員に頼るようになる。すなわち、「忙しいときだけ必要な人員を確保したい」という考えだ。

派遣社員が派遣業者の正社員であれば、雇用関係が成り立っているので安定はしている。だが、ほとんどの場合、派遣社員は登録制。派遣先から必要ないとされれば、その時点で失職する。契約社員も契約期間が終われば、雇用が継続される確固たる保証はない。リーマンショックにともない起こった景気悪化に揺れた平成20年からは、人材派遣先の会社からいきなり解雇もしくは雇用契約の更新拒否にあう「派遣切り」が問題にもなった。正社員の間でも、長時間労働にともなうストレスでうつ病になり、自ら命を絶つという事例が増え始めたのはこの頃から。派遣社員を主人公にしたドラマには、平成31年の**『ハケン占い師アタル』**（テレビ朝日系）もあった。

自然体で生きる難しさ

そんな状況の緩和を目指し、「非正規雇用の待遇差改善」「柔軟な働き方ができる環境作り」「賃金引き上げと労働生産性向上」などの取り組みを推進する「働き方改革」が平成31年4月から実施。それに合わせるように放送されたのが**『わたし、定時で帰ります。』**（TBS系）だ。このドラマでは、残業が当たり前となっているウェブ制作会社で、定時である18時きっかりに帰っていく女性が描かれている。

私は、このドラマをとても頼もしく観ていた。就業後や休日まで仕事の人とかかわるのを断る若者が増えているというが、それもまたいいと考えている。彼らは他者に自分の時間も体力も消費されたくないし、自分なりの発散法を知っているのだろう。かつて長期休暇を取って、海外のリゾート地を訪れた際のビーチの様子を思い出す。私は、とにかく分刻みに観光をし、せわしなく動き回った。そしてビーチに戻ってみると、地元の人々は先ほどと同じ姿勢で悠々と寝そべっていた。そもそも「バカンス」は「空っぽ」の意味である。彼らのすごし方こそバカンスそのものであり、私は「かなわない……」と思ったものである。

勤務時間外に、自分の意に反してまで会社と接点を持たなくともいい。『私、定時で帰ります。』で描かれるテーマも似ていて、深く共感するところがある。ただ、見落としてはいけないのは、主人公のキャラクターが、周囲からは「周りに染まらない、ちょっと変わった人」に映っているということだ。そして仕事ができる人、という設定も固定だということである。

したがって、決して世の中が「定時で帰ることができる」世の中に変わったわけではない。まだまだ「努力したら8時間で帰れるぞ」という考えが主流だ。本当に定時

DRAMA

ハケン占い師アタル DVD-BOX
●発売元：テレビ朝日／販売元：バップ
●価格：20,000円（税抜）
2019年7月10日発売

ハケン占い師アタル

天才少女占い師として名を馳せた的場中は、それを伏せてイベント会社「シンシアイベンツ」に派遣社員として働くことに。そこには人間関係や仕事との向き合い方に悩む人々の姿があった。中は占いで解決していくが、社会人の経験が皆無の彼女も壁に当たっていく。新時代の働き方を新たな視点でとらえた人間ドラマ。

DATA
テレビ朝日系／ 2019年1月17日 ～ 3月14日／脚本：遊川和彦／出演：杉咲花・小澤征悦・志田未来・間宮祥太朗・志尊淳・野波麻帆・板谷由夏・若村麻由美 他

で帰る世の中が来るということは、こういったタイトルのドラマがなくなるということである。

絵空事を現実化へ

もちろん「ドラマは甘い」「現実的には難しい」などの批判の声もあるだろう。しかしドラマというのは、時には理想的すぎる場合もあろうが、それがやがて社会に影響をおよぼし変化を遂げることもある。ニュース番組などで問題提起を受けてもピンとこないことが、ドラマというフィクションの世界で「理想社会の先取りをやってみる」ことで、届くこともあるのだ。

高齢化社会を迎えるテレビドラマの未来

総務省の「人口推計」（平成30年確定値）によると、65歳以上の人口は総人口に占める割合の28・1％となっている。とくに若い世代の減少が著しく、２０２５年には、65歳以上の占める割合は30％となり、２０４０年には75歳以上でも20％を超えると推測されている。

週刊誌の誌面を見ても「終活」「墓問題」「もめない相続」と、人生の終わりを迎えるにあたっての特集がこぞって組まれ、「大人女子」や「女子会」のように、40代で「男子」「女子」と呼ばれるのも、高齢化がもたらす感覚の象徴ともいえるだろう。

平成31年４月から放送された**『東京独身男子』**（テレビ朝日系）の主役の３人は、高橋一生演じる石橋太郎が38歳、斎藤工演じる三好玲也が37歳、滝藤賢一演じる岩倉和彦が45歳と、全員アラフォーである。

ドラマの中で「ボクたちは、まだまだですから」と、30代後半から40代半ばの男性が「男子」を語る。かつて政治・経済の社会では「60、70は鼻たれ小僧」などといわれたものだが、いまや本当にそうなった感が強い。

ただ、だからこそ世代交代を積極的にしなくてはいけないともいえる。業界によっては世代交代が円滑に回っているところもあるが、メディア、とくにテレビ業界は乗り遅れているといっていい。

現在、テレビのメインターゲットは、加速度的にシニアになっている。そして、テレビは新聞のあと追いをしている。新聞の投稿欄を見てほしい。ほぼ60代から80代の投稿で占められている。テレビもこの先、そうなるかも知れない。

目立つキャストの高齢化

さらには、キャストの高年齢化も目立ち始めている。

平成26年から始まり、すっかり人気刑事ドラマシリーズとなった『**緊急取調室**』(テレビ朝日系)は、主演の天海祐希が「おばはん」と呼ばれ、メンバー全員が中高年だ。一番の若手の速水もこみちで34歳(令和元年現在)。平成29年から始まった『**バイプレイヤーズ**』(テレビ東京系)も、名脇役として活躍していた50代以上の男優たちが主役だった。

令和元年5月、講談社のウェブマガジン『現代ビジネス』における高堀冬彦記者の記事「連ドラ主演の平均年齢〜いつの間にかこんなに上がっていた〜」では、実際に19年前と現在の主演者の平均年齢とを比較している。

それによると、平成12年4月期の民放における全連続ドラマ（プライムタイム）の主演者は、平均年齢が33・4歳だったのに対し、平成31年は40・2歳。7歳も平均年齢が上がっているという。

ただ、先に挙げたドラマは、俳優の年齢をポジティブに利用し、成功している例である。経験の豊富さを活かし、年齢を重ねてもそれ以上のパワフルな活躍をするというパターンが、その要因だろう。

また、早期リタイアで二度目の人生、という生き方が流行ったときもあった。私自身も、かつては大橋巨泉が平成2年の春に宣言した「セミリタイア」に憧れたものだが、現在はすっかり「一生現役」という流れが強い。もしかしたらリタイアという言葉、シニアという呼び方すら、なくなっていくかも知れない。

若者に迎合しすぎることはないが、若者層に興味を持ってもらえないと、テレビは先細りとなってしまう。時間がかかるからこそ帳尻合わせではなく、システム自体を考え直さないといけない時代が訪れているのだ。

そして、私自身が高齢者の予備軍だからこそ言うが、若い人たちが入ってこられるようにするため、年配者はすっとスペースを空けるのが大事だと思う。もう、「俺を倒してから行け！」は通用しない。先輩を押しのける時代ではなく、お互いを尊重する「やさしさと仲のよさ」の時代だということは、心得ておきたい。

『やすらぎの郷』が見せた理想郷

「高齢化問題」をあつかい、将来をシミュレーションするのも、ドラマの大きな役割として忘れてはならない。かなりフィクション的な要素は多かったが、平成21年の『**任侠ヘルパー**』（フジテレビ系）は、ともすれば直視できない、したくない老々介護や、その事情を任侠の再生と絡ませて描いたことで、視聴者も受け止めることができたといえる。

平成29年の昼帯ドラマ『**やすらぎの郷**』（テレビ朝日系）における老人ホームのあり方は、多くのシニアに、老人ホームのネガティブなイメージを希望に変えた。もちろん、設定上の暮らしはハイレベルで、選ばれた人だけが入居できるという施設であり、入居後もお金がかからないといった、理想郷であった。

しかし「こんな老人ホームがあったらいいな」と思える明るさは備えていたし、自分もやがては老人ホームに入りたい、と思えるほどの設定だ。高齢になって集団生活を送れるだろうか、プライバシーを尊重した生活が守れるのだろうか、という老人ホームに対する不安も、『やすらぎの郷』では一人ひとりに生活空間が与えられるコテージがあり、個人として尊重される終《つい》の棲家《すみか》を提供していた。

老後を明るく暮らすヒント

平成31年の『**家売るオンナの逆襲**』（日本テレビ系）では、住み慣れたアパートが老朽化で取り壊されたことにより、十分な預金を持ちながらも、住むところをなくしてネットカフェに暮らす独り住まいのシニアを泉ピン子が演じる回があった。新しい家を探したいのに、孤独死を恐れた家主が貸してくれない。これから誰もが経験しうる設定である。そして、老人ホームでは猫なで声でスタッフに応対され、ピン子が激怒するシーンもあった。まさに高齢化社会に生きるシニアたちの叫びではないだろうか。

DRAMA

家売るオンナの逆襲

「テーコー不動産」の天才的不動産屋・三軒家万智と社員たちが、家という人生最大の買い物をきっかけに、さまざまな生き方を提案していった人気ドラマ『家売るオンナ』（2016年）の続編。謎の男・留守堂謙治も加わり、家族の形の多様化やジェネレーションギャップなどの問題を、住居を通して描き出した。

家売るオンナの逆襲 Blu-ray BOX／DVD-BOX
脚本：大石静
◉発売元：バップ
◉価格：Blu-ray BOX 24,000円（税抜）／DVD-BOX 19,000円（税抜）
2019年8月7日発売
©NTV

DATA
日本テレビ系／2019年1月9日〜3月13日／出演：北川景子・松田翔太・工藤阿須加・イモトアヤコ・本多力・鈴木裕樹・千葉雄大・臼田あさ美・梶原善・仲村トオル 他

結局、主人公の三軒家万智のすすめでマンガ喫茶を店ごと買うという結末であったが、あれは「まさか」と思ってしまう前に、「それはいいアイデアだ」と膝を打った。こういった、老後のヒントを明るく提案するドラマは大歓迎である。

今後もシニアをあつかい、彼らをターゲットにした番組がどんどん増えるだろう。となれば、若者のテレビ離れは、ますます加速する。シニアも若者も楽しめる番組が理想ではあるが、それもなかなか難しいというのが、番組制作に携わるすべての人間の悩みどころだろう。

〜大規模災害時にドラマがはたす役割〜

平成時代を語るうえで避けて通れないのが自然災害だ。平成7年の「阪神淡路大震災」、平成23年の「東日本大震災」をはじめ、火山の噴火や豪雨にともなう河川の氾濫、土石流などが多くの被害をもたらした。被災した人たちによっては、その映像を観るだけでも、当時の恐怖がよみがえる。まだ多くの人の記憶に災害の様子がリアルに残っているとき、それをドラマで描写するのは非常に難しい。

そんな中、宮藤官九郎は平成25年のNHKの朝ドラ『**あまちゃん**』において、ジオラマを使って震災をイメージさせた。同年の『産経ニュース』のインタビュー記事で宮藤は「(震災で)登場人物の誰かが亡くなるという描き方もあったと思う。でも、やらなかった。スタッフとさんざん話し合って、悩んだ末の結論。これ以外ないと思ったけれど、不安でした」と語っている。

震災の描写は模型で、人々が再度立ち上がり復興をしていく姿は、徹底的にリアル

東日本大震災からの復興において、『あまちゃん』が住民に与えた影響を物語る「あまちゃんハウス」。館内にはドラマで使用された小道具や撮影中の写真などが展示されている（写真提供：一般社団法人久慈市観光物産協会）

に描いた。私はこれに深く感動したし、これ以上の描き方はなかったといまでも思っている。

私自身、阪神淡路大震災の際には、関西でラジオ番組に携わっていた。そのとき、ラジオから伝え続けたのは震災やライフラインの情報だ。あえて音楽はかけなかった。そんなある日、もうかなり震災から日数が経った頃、「そろそろ明るい曲を聞かせてほしい」と1通のリクエストが届いた。あのときの安堵《あんど》の気持ちは一生忘れない。そのリクエストを読み、「やっとここまできた」とスタッフ全員で手を取り合ったのをおぼえている。

防災が学べるドラマ作りを

災害から間もない時期に、「こんなときだからこそ」と明るい曲やバラエティー番組を発信する放送は嫌悪感しかない。それよりも、もっとやるべきことがメディアにはある。これから防災をテーマにしたドラマがもっと出てきてもいい。ドラマというフィクションを使って役立つ情報を発信することで、視聴者が目で見て防災の方法をおぼえ、登場人物と一緒に、シミュレーションできることは大きいだろう。

平成29年には映画**『サバイバルファミリー』**が公開されている。電気・ガス・水道が使えなくなるという設定で、「それが本当に起こったらどれだけ不便なのか」ということをさまざまな事例で示し、そこに生活するうえでのサバイバル術が織り込まれている。これはスタッフが実際に試したという。

昨今では関西大学の「社会安全学部」、神戸学院大学の「社会防災学科」など、続々と防災が学べる学部・学科が誕生している。自然災害が相次ぎ、「私だけは大丈夫」などと思っている人のほうが少ないこの時代。防災のハウツーを学べるドラマを私も観たいし、必要だと思う。

第3章

いろんな面で
ボーダーレス…
平成時代の男と女

普通であったものが普通でなくなる。その可能性を示したのが平成という時代だった。とくに恋愛や結婚の形は、これまでになかったほど進化・深化したともいえる。それは、時代を切り取るドラマにも影響を与え、さまざまな愛の形を描いてきた。「若い男女が出会って恋に落ちる」というセオリーが通じにくくなった現在、令和の時代はどんな恋愛劇が誕生するのか。平成の作品を振り返れば、その答えが見出せるかも知れない。

▶「不倫ドラマ」の昨日・今日・明日

「不倫」という言葉が、結婚しているのに別の相手に「恋をする」「思いを寄せる」「一線を越える」という現在のような意味を持って広まったのは、昭和58年の『**金曜日の妻たちへ**』（TBS系）がきっかけである。それまでは「よろめき」「ゆらめき」などと表現され、中年以上の男女を主としたときめきと、そこから始まる過ちを示していた。

『金曜日の妻たちへ』シリーズは3作目まで作られる人気作品となった。平均視聴率は第1作が15・9％、2作目17・9％、3作目が17・2％（以上、関東地区・ビデオリサーチ調べ）と、いずれも高い数字を記録。誰にでも起こりうるリアルさを提示し、多くの女性から共感を得た。

このドラマに夢中になる現象は、やがて「金妻シンドローム」とも呼ばれるようになる。昭和60年に放送された『**金曜日の妻たちへⅢ　恋に落ちて**』のオープニング曲

『恋に落ちて―Ｆａｌｌ ｉｎ Ｌｏｖｅ―』の歌詞、「ダイヤル回して手を止めた」が許されない思いを比喩。現在で言い替えるなら、「送信を押しかけて手を止めた」になるのだろうか。

「不倫は文化」の意味

不倫というテーマで語られるとき、いまだに取り上げられるのが、平成8年の石田純一による「不倫は文化」発言である。長谷川理恵との不倫をスクープされた際の騒動だが、実はあのとき石田は「不倫は文化」とは言っていない。「文化や芸術といったものが、不倫という恋愛から生まれることもある」と語ったのが、あるスポーツ新聞が「不倫は文化」という見出しをつけたため、そのまま広まってしまったというのは有名な話だ。

たしかに既婚者が別の相手に恋をする、思いを寄せるという設定は、昭和の歌謡曲でも文学でも、お決まりの設定といっていい。夏目漱石の『それから』、三島由紀夫の『美徳のよろめき』など、日本文学史で高く評価されている作品もある。

ところがテレビドラマで不倫関係を描く場合は、文脈から自由に想像する小説とは異なり、リアルな映像として目に映る。演じる俳優の好感度やムードも大きく関係するので、「共感か不快か」の賭けになる。視聴者とのシンクロ具合で評価が変わってしまうのだ。

事実、バブル崩壊直後に放送された平成5年の『**ポケベルが鳴らなくて**』（日本テレビ系）は、親友の父親と不倫関係になるヒロイン役の裕木奈江が女性からバッシングを浴び、いまでいう「炎上」状態となった。

女性が主体の不倫ドラマ

平成8年には、前年から『日本経済新聞』で連載されていた渡辺淳一の小説『**失楽園**』（平成9年に講談社から単行本刊行）が大ブームとなり、翌年5月にはヒロイン役を黒木瞳が演じて映画化。原作よりも自立したキャラクターで描かれたことで、女性の支持を得ることに成功し、社会現象にまでなった。

同年7月には日本テレビ系で、川島なお美がヒロイン役を演じてテレビドラマ化。出版社編集者の久木祥一郎と、書道講師の松原凛子の性愛を濃厚に描き、平均視聴率20%を超える大ヒットとなっている。

そして不倫をすることを「失楽園する」ともいわれ、ブームが到来。これを受け、平成9年には『**青い鳥**』『**不機嫌な果実**』（いずれもTBS系）など、不倫をテーマにしたドラマが続けて作られ、話題をさらった。

平成26年には上戸彩が、既婚者でありながら他人の夫との関係に溺れるという役柄を演じた『**昼顔〜平日午後3時の恋人たち〜**』（フジテレビ系）が社会現象になる。ちなみに、「昼顔」とは「夫を会社に送り出したあと、平日昼に別の男性との恋に落ちる主婦」の造語である。W不倫という重い設定ながら、上戸彩という爽やかなキャラクターを起用することにより、不倫行為を「悪」というイメージ一色ではなく、グレーゾーンでキープすることに成功したのは大きな勝因だろう。

そして放送から2年後の平成28年、「ベッキー事件」が起こる。交際相手だった既婚者との不倫を『週刊文春』にスクープされたのだ。その後も『週刊文春』は不倫スクープを連発。不倫に対するバッシングが吹き荒れる。しかし、またしても「不倫ドラマ」がブームを迎えるのである。

それが、平成29年に波瑠がヒロインを演じた『**あなたのことはそれほど**』（TBS系）、平成30年の水川あさみ主演『**連続ドラマW ダブル・ファンタジー**』（WOWOW）

である。この2作に共通しているのは、不倫や二股をしているヒロインが、あまり後ろめたさや抵抗感を持っていない、ということだ。これまでの不倫ドラマの盛り上がりである「背徳感」よりも、素直に自分の感情にしたがっていく。

さらに平成30年には『**あなたには帰る家がある**』(TBS系)、『**ホリデイラブ**』(テレビ朝日系)といった、不倫される側の女性を主人公にしたドラマも登場。一言に不倫ドラマといっても、背徳感や修羅場、さらには思いの届かないもどかしさといった見どころが、平成後期からは大きく変化している。

現実とドラマのギャップ

もともと不倫や許されざる恋という題材を得意としていたのは、午後1時30分に放送されていたフジテレビの昼帯ドラマ枠、いわゆる「昼ドラ」である。平成14年の『**真珠夫人**』、平成16年の『**牡丹と薔薇**』など、過激なセリフや修羅場シーンを盛り込んだ作品がヒットし、昼ドラを「ドロドロの愛憎劇」とイメージづけるほどの勢いを持った。

本書執筆時の不倫ドラマの最新作としては、令和元年7月に杏主演の『**偽装不倫**』

DRAMA

連続ドラマW ダブル・ファンタジー
DVD発売中
●発売元：カルチュア・パブリッシャーズ／販売元：ハピネット
●価格：11,400円（税抜）

連続ドラマＷ ダブル・ファンタジー

原作は「第22回柴田錬三郎賞」「第４回中央公論文芸賞」「第16回島清恋愛文学賞」をトリプル受賞した村山由佳の小説。夫の支配と性の不一致から逃げ出した高遠奈津は、数々の男たちと関係を結び、性の快楽に溺れていく。「孤独をともなう自由」を選んだヒロインの生き方は、30代から40代の女性の共感を得た。

DATA
WOWOW ／ 2018年6月16日 ～ 7月14日 ／原作：村山由佳『ダブル・ファンタジー』／脚本：阿相クミコ・御法川修／出演：水川あさみ・田中圭・眞島秀和・村上弘明 他

が放送予定。自分を既婚者だと嘘をつき、不倫のふりをすることで恋の楽しさを知る、という設定だ。

どこまでが許されるのか、嫌悪感と共感の境目はどこにあるのかは、読み間違えると大変なことになる不倫ドラマ。だからこそ、描かれ方にも時代性が色濃く反映する。

『失楽園』は観る人によっては「純愛」とも評価される。世間体やモラルとは別のところで、心理的には完全に整理がついていない難解なジャンルでもある。

現実の不倫騒動とドラマの反応のギャップを見て、余計にそう感じる。

LGBTに見る多様なあり方の可能性

コンプライアンスなどの問題で、かつて普通に発言できた言葉が使えない時代になった。しかしその逆のパターンもあり、オープンになったのがＬＧＢＴだ。ＬＧＢＴとは、「Ｌ」は「Lesbian」（レズビアン／女性同性愛者）、「Ｇ」は「Gay」（ゲイ／男性同性愛者）、「Ｂ」は「Bisexual」（バイセクシュアル／両性愛者）、そして「Ｔ」が「Transgender」（トランスジェンダー／性自認と身体的性が異なる状態）を意味する。

メディアの世界は、表現によっては大きな誤解を発信してしまう危険性がある。センシティブなテーマはとくにだ。それゆえＬＧＢＴについても、バラエティー番組で取り上げられることはあっても、フィクションを多く盛り込むテレビドラマでは、ほぼ描かれることがなかった。

それをいち早く取り上げて話題になったのが、平成13年の『**3年B組金八先生　第6シリーズ**』（ＴＢＳ系）である。

このシリーズには、自身の身体と心の性別にギャップを覚える鶴本直が登場。上戸彩が、その苦悩を繊細に演じた。制服の問題をはじめとした日常生活への影響、そして外科的手術による性の一致を望む展開も描かれ、ＬＧＢＴの認知度と理解を高めるきっかけとなった。また、平成20年には上野樹里が『**ラスト・フレンズ**』（フジテレビ系）で、トランスジェンダーのモトクロス選手を演じている。

ただ、この２作のＬＧＢＴの描かれ方は、「これから向き合うべき課題」という深刻さのほうが強かった。しかし、そんな流れを大きく変えたのが、平成30年の『**おっさんずラブ**』（テレビ朝日系）である。

『おっさんずラブ』のポジティブさ

『おっさんずラブ』は、田中圭演じる主役の春田創一こと「はるたん」が、ゲイである上司と同僚２人から迫られるという設定なのだが、これまでの同性愛を描いたものとテンションがまるで異なる。序盤こそ「おっさんが、おっさんを好きになる」「おっさんが乙女になる」というユーモラスな部分で引きつけられた人は多かったであろう。しかし途中からもっと大きな枠で、「恋愛ストーリー」として恋の行方を純粋に応援する視聴者が増えていった。

このドラマには、そうなる要素が幾重にもあった。主人公・春田の柔らかさと誠実さ、春田にストレートに愛情を表現する上司・黒澤武蔵（吉田鋼太郎）の率直で明るいアプローチ。そしてなにより3人を取り巻く友人や職場仲間の「理解の早さと自然さ」である。林遣都演じる春田に恋をする同僚・牧凌太の、シリアスさをまとった演技にも引かれた。

本作の第2話に、武蔵が春田に手作り弁当を振る舞うシーンがある。「はるたん」と書かれた文字、似顔絵つきの明らかな愛情弁当だ。その直後、それを知った牧が乱入して武蔵と春田を取り合うけんかをするのだが、春田は事態が飲み込めないながらもこう叫ぶ。

「俺のためにケンカするのやめてください！」

このセリフに、作り手のニュートラルな視線が出ている。突発的なトラブルの中で、同性愛への戸惑いより、「俺のためにケンカをしないで」が大きく出てくるのだ。これは平成後期の価値観を表した名ゼリフだと思う。職場の同僚や幼なじみなど、周りの登場人物たちの反応も、3人の関係性を知り、最初こそ驚きの反応はあるものの、しっかり一つの恋愛として受け入れる。この、「周囲の人が動揺を長引かせず彼らを認め、そのひたむきさを応援する」という前向きな反応こそ、『おっさんずラブ』の重要なポイントであった。この理解の押しつけや過剰さがない自然な世界観に、観ている側の気持ちも一緒に引き込まれた感じである。

最終的に私たちはあのドラマで、LGBTというテーマとしてはもちろん、「純愛ラブストーリー」としても大満足した。そこが高い評価を受けた理由だ。珍しさではなく、あくまでも恋をする者として感情移入ができたのだ。そのことに徹した『おっさんずラブ』のはたした役割は、本当に大きい。

ありふれた日常として描く

LGBTをタブー視したり、それを描くことの制約は、随分少なくなったといえる。描写の仕方や取り上げ方について論争は出てくるだろうが、自身と相対する意見を聞くのはとても大切だ。それも大いにあっていいと思う。

平成31年には西島秀俊と内野聖陽がダブル主演を務める**『きのう何食べた?』**（テレビ東京系）、古田新太がゲイで女装家の高校教師を演じる**『俺のスカート、どこ行っ**

た？』（日本テレビ系）、**『腐女子、うっかりゲイに告《コク》る。』**（ＮＨＫ）、さらには４人の女性たちの群像劇に同性愛を絡めた**『ミストレス～女たちの秘密～』**（同）と、ＬＧＢＴをテーマにしたドラマが一気に増えた。とくに穏やかな世界観で好評を得たのが、『きのう何食べた？』。西島演じる弁護士・筧史朗と、内野演じる美容師・矢吹賢二というゲイのカップルの暮らしを淡々と追った物語だ。

筧が職場ではまだカミングアウトしていないという設定や、理解を示そうとする両親への気まずさなどをソフトに描かれつつも、「食」を中心に置いた温かな交流や会話が際立っている。グルメドラマとしても、レシピ本が発売される人気となった。『俺のスカート、どこいった？』も、女装家の教師に、学生が騒ぎ立てるのは序盤くらいであり、あとは「学園ドラマ」として、彼を一風変わった熱血教師として前面に出して描いている。

文字通りの多様性の時代へ

ただ、こういった、ＬＧＢＴへの理解が「ブーム化」してしまうのは違うと思う。そうなると、逆に市民権を得ていない裏返しとなってしまうからだ。普通のドラマの

DRAMA

おっさんずラブ DVD-BOX ／ Blu-ray BOX
好評発売中
●発売元：テレビ朝日／販売元：TCエンタテインメント
●価格：DVD-BOX 17,100円（税抜）／Blu-ray BOX 21,600円（税抜）

おっさんずラブ

結婚願望は強いがモテない春田創一。ところがある日、会社の上司の黒澤武蔵と後輩の牧凌太から告白される。男同士の突然の奇妙な三角関係に戸惑ってばかりの春田だったが、次第に２人のピュアな愛情に心を揺さぶられていく。LGBTの葛藤をあえて大きく描かない手法で、深夜枠ながら社会現象となる人気を博した。

DATA
テレビ朝日系／ 2018年4月21日～ 6月2日／脚本：徳尾浩司／出演：田中圭・林遣都・内田理央・金子大地・伊藤修子・児嶋一哉・眞島秀和・大塚寧々・吉田鋼太郎

中でＬＧＢＴの存在があり、彼ら彼女たちが恋愛対象として描かれたり、結婚生活を営んだりする。それが連続ドラマのワンパートで描写される。ごく当たり前のシチュエーションとして、制作側も視聴者も特別視しない。そういったドラマが続々と出てきてほしい。

　多様性と個性に関する企業課題を提案する専門組織「電通ダイバーシティ・ラボ」が平成30年に行った調査によると、20～59歳の個人６万人においてＬＧＢＴ層に該当する人の割合は８・９％だという。ＬＧＢＴが、なんの違和感もなく受け止められる時代は、すでに近づいているのだ。

平成30年間の社会を映し出した事件・事故

近年は凶悪な事件が増えたように見えるが、実は日本における刑法犯は減少傾向にある。警察庁の発表によると、平成30年に認知した刑法犯は暫定値で81万7455件。これは16年連続の減少で、ピークだった平成14年を3割下回り、平成27年以降は4年連続で戦後最少を更新している。

とはいえ、平成時代は昭和とは異なったタイプの事件も起きている。もちろんドラマでも、そんな事件を反映させた作品も出てはいるが、表現に関する難しい問題を抱えているのも事実だ。

男女の愛憎をめぐる「ストーカー」という犯罪

平成に誕生した問題としては「ストーカー」がある。もともと「つきまとい」という言葉で古くから存在した迷惑行為ではあったが、平成8年頃から「ストーカー」という呼称が、ニュースで取り上げられ日本でも使われ始めた。そして、平成9年には**『ストーカー　逃げきれぬ愛』**（日本テレビ系）、**『ストーカー・誘う女』**（TBS系）の2本が放送される。

『ストーカー　逃げきれぬ愛』では、落ち込む男性を気の毒に思った女性が、持っていた花束を渡したことから誤解され、ストーキングが始まる恐怖が描かれた。『ストーカー・誘う女』は一夜をともにし、妊娠をしたと思い込んだ女性につきまとわれるというストーリーだ。

ストーカー行為を取り締まる「ストーカー規制法」が施行されるのは、ドラマで話題となった3年後だ。きっかけとなったのは、平成11年に女子大生が元交際相手を中心とするグループから執拗な嫌がらせを受けたのちに殺害された埼玉県の「桶川ストーカー殺人事件」である。

それまでストーカー行為を罰する法律はなく、本件で警察は民事事件と見なしていた。そのため、事件の被害者は事前に相談していたが、警察が動くことはなく最悪の結果を招いてしまったのである。それから何度も規正法は改訂されているが、平成31年にストーカー被害は6年連続で2万件を超えたと警視庁が発表。まだまだ根深い社会問題となっている。

また、同じく民事事件としてあつかわれながらも、法律の制定によって警察によって取り締まれるようになったのが、暴力団による不当行為だ。対応する法律は、平成4年に施行された「暴力団による不当な行為の防止等に関する法律」、通称「暴対法」。これにより「口止め料の要求」「みかじめ料の要求」「地上げ」など、多くの行為が禁止されるようになる。

この法律と自治体の定める「暴力団排除条例」により、警察の民事介入が可能となった。取り締まりは強化され、組織から脱退するものも増加。そんな人たちの悩みに対する相談を受けつけるのが「暴力団離脱者相談電話」、通称「足抜けコール」で、ここを舞台にしたのが平成27年の『**ヤメゴク～ヤクザやめて頂きます～**』(TBS系)である。

また平成20年から警視庁や大阪府警で導入され、翌年から全国の警察本部で「取り調べの可視化」が実施されたことを受け、これをテーマにした平成26年の『**緊急取調室**』(テレビ朝日系)は、「外に出て犯人を追わない」という新たなタイプの刑事ドラマとして人気シリーズとなっている。

社会状況とドラマの同時進行

平成11年には『ラビリンス』『女医NOTHING LASTS FOREVER』（いずれも日本テレビ系）といった、病院の闇を描いたドラマが2本放送された。当時は医療ミスが立て続けに起こり、さらには横浜の患者取り違えや東京の薬剤取り違えなど、刑事責任に問われた事故も続いたことから、社会的にも大きな関心を集めていた。その影響を受けてのことだろう。

また、実際の事件のキーワードだけを反映させたドラマもある。平成27年に放送された『**ゴーストライター**』（フジテレビ系）は、前年の平成26年に起こったゴーストライター問題を参考にしている。

同じく平成26年には、高齢者男性との結婚や交際を重ねて遺産相続を目当てに相手の男性を殺害し、メディアから「**後妻業**」として注目を集めた連続青酸死事件が発覚。この「後妻業」という言葉のもととなった黒川博行の小説は、平成24年から翌年まで『別冊文藝春秋』で連載され、平成26年に単行本化（文藝春秋より刊行）。平成28年に映画化、平成31年にはフジテレビでテレビドラマ化された。

また、刑事ドラマで描かれる「事件」も、平成9年の『**踊る大捜査線**』（フジテレビ系）や平成12年から放送が開始された『**相棒**』（テレビ朝日系）などで、世相を反映したストーリが放送されるようになる。さらに、追われる側も「外」から「内部」に視点が変わったのも、平成中期からの特徴である。

犯人を逮捕するというこれまでのストーリーに加え、内部告発、警察内部での確執、隠ぺい、冤罪《えんざい》など、警察が警察を追及するという展開が増えていく。これはネットの普及により匿名での書き込み発信が可能になり、内部告発によって表面に出てこなかった情報の漏えいが出てきたことも背景にあるのだろう。

コンプライアンスの時代のドラマ作り

だが、実際のそういった世相や事件をもとにしたとしても、そのドラマが世間から注目を浴びるかといえば、必ずしもそう言い切れないのが現状である。というのも、ノンフィクションがあまりにもセンセーショナルな場合、ドラマはそれを超えることはできない。もし超えてしまったとしても、視聴者がシラけてしまう。

加えてコンプライアンスの問題もある。事件をテーマにした作品を作ると、時に

「真似する人がいると困る」「犯罪をあおっているように見える」という批判も多い。実際に事件が起きたあと、「あのドラマを参考にしたのではないか」という声も聞こえてくる。

しかもスポンサーとの折り合いもある。あまりにも現実的でシリアスな内容は避けられる傾向があり、そういった意味では、事件をもとにするのなら映画でしっかりと作るという考えもあるだろう。

『相棒』では、平成ラストとなる「シーズン17」の最終話で、平成7年に起きた「地下鉄サリン事件」をほうふつとさせる内容を放送した。テーマは教団「楽園の扉」による毒物テロ。放送日も地下鉄サリン事件と同じ3月20日だったこともあり、話題となったのは記憶に新しい。

だが、ドラマの中での少しばかりの過激なセリフや設定さえ、批判や指摘を怖がり過剰にブレーキをかけてしまうのは逆に危険だと思う。

「表現の規制」で、作ろうとしてもできない作品もある。それがエスカレートすると、小さな問題提起もできない。言いたいことをも言えない世の中になりそうな気さえするのだ。

▶恋愛至上主義を斜めに見た恋愛ドラマ

主に1980年代、「人はモテたいという気持ちが原動力となっている」ということを基本にして、カルチャーや流行が作られていた。マガジンハウス（創刊当時平凡出版）の『POPEYE』や講談社の『ホットドッグ・プレス』も、どうすれば女の子にモテるか、という特集で埋め尽くされていて、当時の10代、20代男子のバイブル的存在だった。

「草食系男子」という言葉が社会に登場したのは平成18年、『日経ビジネスオンライン』の連載コラム「U35男子マーケティング図鑑」の中で、コラムニストの深澤真紀が使ったのが最初とされている。この言葉は一気に認知され、いまでも「来るもの拒まず去る者追わず」と、自分から恋愛に積極的にアプローチすることをしない男性は、こう呼ばれている。

ただ、そうだからといって、恋愛に興味がない人が増えたのかというと、またそれは別の話だ。きっかけさえつかめば、十分積極的になれる。平成22年のドラマ『**モテキ**』（テレビ東京系）では、主人公が自分に自信がなく奥手な草食系として描かれてはいるが、モテキを迎えたことでアクティブに変わっていく。根底に「モテたい願望」はまだ根強く残されているのである。

ただし、そこには「好み」や「肉体関係」だけではなく、「生き方」という付加価値が乗っているのが、かつてとの大きな違いだ。「モテたい」というニュアンスと、男女の友情が成立するという考えが、リンクする時代ではないだろうか。

恋愛願望のジレンマ

現在の20代から30代の若者の話を聞くと、「男女の友情は成立する派」が圧倒的に多い。しかも、やさしさを重視し、仲間意識も強い。この仲間意識が影響し、恋愛に展開しないまま友情がいい感じで続くのである。もし、グループの中の誰かに好意を抱いてしまったとしても、「いまさら」感が強く、恋愛へと進まない。昭和後期にブームになった『**男女7人夏物語**』（TBS系）のようなグループ交際の描かれ方も、いまだと違った結末になるのではないだろうか。

仲間内は友だちのままがいい、恋人、パートナーはそれ以外で求めるとなれば、一度友だちになってしまったら、そこから恋人へ発展させるきっかけが非常に難しくなる。失敗して顔を合わせづらくなるくらいなら、友だちのままがいい、というわけだ。

平成3年の『**東京ラブストーリー**』(フジテレビ系)のヒロイン・赤名リカの「セックスしよ!」というセリフは、いまの若者が見れば恋が始まる予感よりも、友だち関係の終わりを告げるようでハラハラしてしまうかも知れない。

昭和から平成にかけて、バブル期前後に恋愛の相手探しとして、大いに流行った合同コンパ、略して「合コン」も、意味合いは大きく異なってきている。友人や人脈を増やす場ではあっても、「恋をする」というピンポイントの目標で赴く場ではないらしい。大勢の中で自分の役割分担を探し、それを理想的に演じる、そういったゲーム感覚があるのかも知れない。

むかしは単純に「いい人がいるかな」という好奇心で参加するものだったが、検索時代となった平成後期の若者は、あらかじめ条件を絞ってから会う。自分の好みのタイプがいるかどうかわからない場所に行くよりも、マッチングする人をアプリで探すほうが効率的なのだろう。

ただ、そうはいっても、やはり誰もが突然降ってくるような運命の恋には憧れるものだし、どこか「自分も、もしかして……」と期待してしまう。逆に、何事にも無駄を省こうとする平成の終わりにこそ、こういった「奇跡の恋」願望の強まりがあるのかも知れない。平成26年の綾瀬はるか演じる「こじらせ女子」に突然起こった恋愛を描いた『**きょうは会社休みます。**』（日本テレビ系）のヒットも、その辺りが関係しているのだろう。

恋人と結婚相手は別物

映画の世界では、甘酸っぱい王道の展開をする中高生向きの恋愛ストーリーが、一定の割合で制作されている。時代が変わっても、やはり恋愛は一大トピックであり、恋をしたいという気持ちは相変わらず残されている。

しかし現在は、友だち、恋人、そして結婚相手、それぞれが一つのラインにあるのではなく、独立している。友だちは友だちでしかなく、恋人は恋人でしかない。結婚相手を探すのなら「婚活」をする、という具合に。

そもそも「婚活」なる言葉が登場したのは平成20年頃。「草食系男子」という言葉が誕生してから少しあとである。自ら積極的に動かない男性が増え、プロポーズを待っていたらいつになるかわからない。婚活は、そういった背景から生まれた言葉なのである。

そしてこの婚活という言葉が肯定的に認知されたことが、「自分から結婚に積極的に動く」という意識を非常に前向きにした。当初は比較的マイナスイメージだったネットの「婚活サイト」も、カジュアルなお見合いとして認知度が高まり、利用者も多いと聞く。

「恋がすべてではない」という価値観

もはや恋は「本能に任せて燃え上がる」から「似た価値観を共有し、高め合う」ことがメインへとシフトしている。平成27年に放送された、理系女子の藪下依子（杏）と「高等遊民」と自称するニートの谷口巧（長谷川博己）との恋愛を描いた『**デート～恋とはどんなものかしら～**』（フジテレビ系）には印象的なセリフが登場する。

「価値が高いとか低いとかないとかじゃなくて、恋をするっていうのは素晴らしいこと」

DRAMA

きょうは会社休みます。

藤村真理の人気コミックのドラマ化。彼氏いない歴30年、女子力に自信が持てないOLの青石花笑は９歳年下の田之倉と交際することに。経験のなさや無駄にある妄想力ゆえ、失敗と試行錯誤を繰り返しつつ、不器用ながら恋を進めていく。2013年と14年に流行語大賞にノミネートされた「こじらせ女」がキーワードに。

きょうは会社休みます。 Blu-ray BOX ／ DVD-BOX
◉発売元：バップ
◉価格：Blu-ray BOX 23,000円（税抜）／ DVD-BOX 18,200円（税抜）

DATA
日本テレビ系／ 2014年10月15日 ～ 12月17日／原作：藤村真理『きょうは会社休みます。』／脚本：金子茂樹／出演：綾瀬はるか・福士蒼汰・玉木宏・仲里依紗 他

そう説教をするライバルの男に対し、巧はこう反論する。

「教養のないバカ女なんかとつき合う暇があったら、本の1冊でも読んでるほうがはるかに有意義だ」

これに依子も参戦。

「幼稚なバカ男とつき合う時間なんて、貴重な人生の浪費でしかない。もっと価値の高いことに使うべきだわ」

この「恋がすべてではない」という価値観が合うことで、その後2人は急接近するのである。

合コンに参加し、恋愛になる前提で相手を探していた時代から、ここまで恋愛観は大きく変化を遂げたのだ。

▶変わっていく結婚の風景

厚生労働省の「人口動態統計特殊報告」によれば、平成元年の初婚の平均年齢は男性が28・5歳、女性が25・8歳。25歳が結婚適齢期とされ、25歳をすぎた未婚の女性を、12月25日をすぎたクリスマスケーキにたとえる無粋な言われ方もあった。しかし、そんな風潮に待ったをかけたのが、平成6年に放送されたドラマ『**29歳のクリスマス**』（フジテレビ系）のヒットである。

山口智子演じる矢吹典子は29歳、松下由樹演じる今井彩は28歳、そして柳葉敏郎演じる新谷賢は31歳。この3人を中心とした、仕事と恋愛模様を描いたストーリーだ。22歳の後輩に「お姉さま」と半ば皮肉を含めながら呼ばれるシーンや、「29歳がどんづまり、頑張って生きていこう」といった名言を生み出した。

そこに描かれたのは、30歳になる前には幸せになりたいというヒロインたちの焦燥感と同時に、もがきながら幸せをつかもうとする等身大の輝き。このドラマによって、

20代後半という年齢が、大いに魅力的であることを十分に示したのだった。

そして、平成27年における男性の初婚年齢は31・1歳。女性の初婚平均年齢は29・4歳。しかし、いまやこんな数字を気にする人も少ないのではないだろうか。平成後期には、結婚適齢期という言葉すらあまり聞かなくなっている。

『逃げるは恥だが役に立つ』の革新

平成28年の『**逃げるは恥だが役に立つ**』（TBS系）は契約結婚の話だった。だが、このドラマでは夫婦間だけではなく、親しい仲でも起こり得るテーマが盛り込まれていた。

家事代行から徐々に距離を縮めていき、星野源演じる津崎平匡《ひらまさ》が、新垣結衣演じる森山みくりにプロポーズをする。普通のドラマなら、これでハッピーエンドである。ところが『逃げるは恥だが役に立つ』は、多くの主婦が抱えていたものの、声に出せなかったことを提示している。

平匡が、家計シミュレーションを見せつつ、こうプロポーズする。

「結婚すれば、雇用契約は必要じゃなくなります。今までみくりさんに支払っていた給与が浮いて、生活費や貯蓄に回すことができます」

その言葉に対して、みくりはこう反論する。

「それは好きの搾取です！」

家事が仕事と認めてもらえるのか？　給料が発生しているので、契約結婚のままでいくと、平匡が主導権を握ってしまうことになる。では、給料が発生しなくなったらどうなるのか？　対等な関係ではあるが、家事は仕事と認識されなくなるのか。

これまで専業主婦たちが感じてきたであろう、家事や育児の無償労働に対する不満を、テレビドラマのセリフとして、しっかりと世に問うことができたのは大きいといえよう。

「おひとりさま」を肯定する

50歳時点での平均未婚率を示す生涯未婚率が、平成27年の国勢調査で男性23・4%、女性14・1%と過去最高を記録。平均初婚年齢はこの30年間で、男性は2歳、女性で3歳上昇しており、「結婚しない」という選択肢を選ぶ人は確実に増えていることがわかる。

平成18年の『**結婚できない男**』（フジテレビ系）は、タイトルにこそ「結婚できない」とあるけれど、主人公はそれについてまったく悩んでいない。あえて「結婚しない、したくない」から始まっているのだ。ヒロインとの未来を感じさせるという結末ではあるが、全体を通して見えるのは、「1人だって幸せ」というテーマである。

結婚という選択をしなかったとしても、人生は十分満喫できる。阿部寛演じる主人公の桑野信介は、クラシックを聴くのが至福の時間だ。この時間を誰にも邪魔されたくない。ほかにも、料理はお気に入りのレシピ通りで、一つでも材料が足りないとわざわざ買いに出かける。面倒くさいほどこだわりは多いけれど、それを途中で遮る人もいないから、本人としては気の済むまでそれが貫ける。

人との関わりが苦手だからといって、寂しがっているとは限らない。そんな「おひとりさま」の肯定を、絶妙な「あるある」で彩ったのが『結婚できない男』の魅力であり、多くの人々の共感を得た。平成31年には『**東京独身男子**』（テレビ朝日系）という、やはり独身生活を楽しむ男性の姿が描かれ、あえて（A）結婚しない（K）の頭文字を取って「AK男子」という言葉まで生まれている。

夫婦は社会を構成する一つの単位だが、それがなくてもいいという考えも認めなければならない。独身もまた幸せの形の一つであり、他人がそれを批判する権利はない。ましてや少子化問題を絡ませるなど、とんでもない話で、結婚は子どもを作るためにするものでは決してないのである。

新しい時代の結婚観

新しい時代は、それぞれが自分たちに合ったすごし方を選べばいいし、「結婚したのなら、こうしなくては」という固定観念も薄まってきた。平成11年のドラマ『**週末婚**』（TBS系）は、週末のみ生活をともにするという新しい結婚と夫婦生活のスタイルを広く認知させた。

平成30年放送のドラマ『**隣の家族は青く見える**』（フジテレビ系）も、平成後期の結婚や夫婦の考え方を反映させたドラマであった。さまざまな家族が意見を出し合い、作っていく集合住宅「コーポラティブハウス」を舞台に、妊活に向き合う夫婦、子どもを作らないことを決めている事実婚夫婦、男性同士のカップル、子どもが中心の夫婦、という4組が住むという設定。これで結婚や夫婦の価値観が多様化していることを、とてもわかりやすく知ることができた。まったく違う環境で生きてきた4組が、

DRAMA

結婚できない男

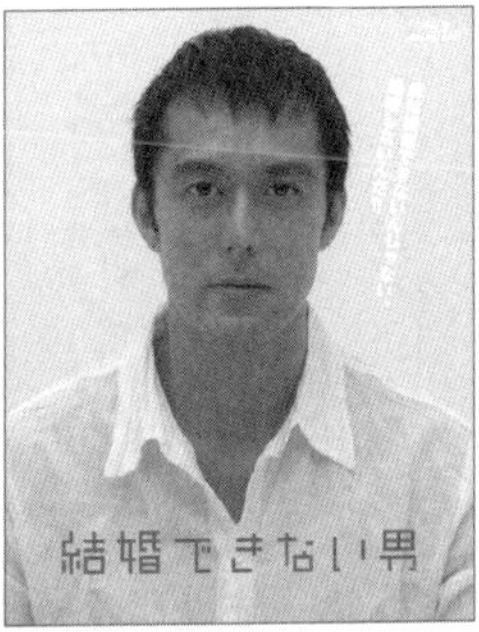

桑野信介は腕のいい建築士だが、その仕事ぶりは偏屈で皮肉屋。しかも女性や結婚に対して嫌悪感があり、40歳になっても独身を貫いていた。しかし女医・早坂夏美と出会い、不器用ながら恋愛と結婚への道を模索していく。独りよがりだが憎めない桑野を阿部寛が好演。13年振りに続編が放送されることも話題となった。

結婚できない男 Blu-ray BOX／DVD-BOX
◉発売元：関西テレビ放送／販売元：ポニーキャニオン
◉価格：Blu-ray BOX 24,000円（税別）／DVD-BOX 22,800円（税別）

DATA
フジテレビ系／2006年7月4日～9月19日／脚本：尾崎将也／出演：阿部寛・夏川結衣・国仲涼子・塚本高史・尾美としのり・三浦理恵子・高島礼子 他

それぞれ理解の糸口を見つけ、支え合い協力し合える関係性を作っていくという展開は、「やさしさと仲のよさ」を求める時代らしさが出ている。

また、本作では厚生労働省とタイアップし、「みんなの力で心を軽く！」をコンセプトにした「ポジティブ・シェアリング」およびメンタルヘルスの不調や過重労働による健康被害の相談窓口を設置したポータルサイト「心の耳」を紹介するキャンペーンも行われた。

これからの時代は、それぞれが自分に合ったパートナーとの関係を築いていく、そんな時代が来ている。

『冬のソナタ』が運んできた純愛ブーム

平成15年に日本で放送され、大ブームとなった韓流ドラマ『**冬のソナタ**』。このドラマにおけるストーリーの大きな軸は「すれ違い」。昭和27年のNHKラジオドラマ、その翌年の映画、そして昭和37年のフジテレビ系を皮切りに、何度もテレビドラマ化された往年の名作『**君の名は**』を思い出す人も多かっただろう。

東京大空襲の下、偶然出会った男女2人が互いの名も知らぬまま、有楽町の数寄屋橋での再会を約束して別れるが、すれ違い、なかなか会うことができない。『冬のソナタ』には、『君の名は』に漂うもどかしさと共通するものがあった。

日本人にとって、この『冬のソナタ』の持つ懐かしさと新鮮さは、世代をまたいで受け入れられた。そして、その影響を受けて日本でも純愛ブームが始まり、大ヒットしたのが平成16年に映画化され、同年にはTBS系でドラマ化もされた『**世界の中心で、愛をさけぶ**』である。物語は初恋の人とのピュアな恋、そして難病という王道中の王道。空港で意識を失うヒロインを抱きしめ、「助けてください！」と主人公が叫ぶクライマックスシーンは、多くの人の記憶に残っているだろう。

ヒットの要因は「タイミング」

純愛ブームが起きた背景には、平成10年代前後から立て続けに作られた『**失楽園**』（日本テレビ系・平成9年）をはじめとする不倫ドラマや、青少年が直面する社会問題を真正面から描いた『**R－17**』（テレビ朝日系・平成13年）などのシリアスなドラマに疲れていたというのもあったのかも知れない。そこに昭和的なテイストの恋愛ストーリーが、視聴者のツボにハマったとも考えられる。

『冬のソナタ』の監督、ユン・ソクホは平成29年、『シネマトゥデイ』のインタビューで「冬ソナ現象」といわれた当時を振り返り、「ヒットした理由はわからない」と話していたが、ヒット作とはそんなものかも知れない。逆に、制作者の狙い通りになるケースは稀《まれ》にしかない。このヒットの法則が立てられないジレンマは絶対に解消できないが、逆に見れば受け手と作り手の予想外の化学反応で新しい世界を作ることができる、というメディアの面白さと可能性でもある。

ただ、ヒットのキーポイントには、「タイミングの勝利」というものがある。『世界の中心で、愛をさけぶ』はまさにそれだった。ドラマは脚本、演出、キャスティングがそろうと名作ができるが、「ヒット」ということになると、また話は別である。『世界の中心で、愛をさけぶ』が社会現象となるほどの成功を収めたのは、良質のストーリーに加え、『冬のソナタ』のヒットにより王道ストーリーを受け入れる「地ならし」ができていたタイミングに投入したことが、要因の一つだろう。

さらにこの作品で特筆すべきは、映画版の森山未來と長澤まさみ、テレビ版の山田孝之と綾瀬はるかという、平成を代表する4人の俳優を世に送り出すきっかけになったということだ。綾瀬&山田は平成18年の『**白夜行**』(TBS系)、森山&長澤は平成23年の映画『**モテキ**』でふたたびコンビを組んでいるが、どちらもヒット。昭和なら「ゴールデンカップル」という図式に当てはまり、引き続き何作もドラマや映画が作られたかも知れない。

完成度の高さを誇った『JIN—仁—』

同じく究極の「純愛」を描き評判になったのは、平成21年に放送された『JIN—

DRAMA

世界の中心で、愛をさけぶ

世界の中心で、愛をさけぶ〈完全版〉DVD-BOX
◉発売元：TBS／販売元：NBCユニバーサル・エンターテイメント
◉価格：19,900円（税抜）
©TBS

片山恭一のベストセラー小説をドラマ化。高校カップルの朔太郎とアキだったが、出会って3年目、アキは白血病にかかってしまう。朔太郎は、アキが入院のため行けなかった修学旅行先のオーストラリアに連れて行くため、病院を抜け出し出発するが……。劇場版もヒットし、全国に「セカチューブーム」を巻き起こした。

DATA
TBS系／2004年7月2日～9月10日／原作：片山恭一『世界の中心で、愛をさけぶ』／脚本：森下佳子／出演：山田孝之・綾瀬はるか・緒形直人・桜井幸子・本仮屋ユイカ 他

仁―』（TBS系）である。雑誌や番組で「平成を代表するドラマ特集」が組まれた際、多くの識者がこの作品を挙げた。人の命というテーマとともに描かれたのが、タイムスリップをした南方仁の秘密を知り、彼を支える橘咲とのプラトニックな愛だ。

平成23年の第二期で完結したが、これ以上はないというラストだった。時を超え、手紙で思いを通じ合わせる。濃厚なラブストーリーやベッドシーンに食傷気味の若者たちに、ギリギリのところでとどまる2人の関係は好意的に受け止められた。じれったさは支持を得るための大きな要素なのだ。

白黒をつけないグレーな関係性を築く

昭和から平成初期にかけては「消費」と「所有」の時代でもあった。次々に新しい製品が生み出され、それを購入することで自らのステイタスを高め、生活の満足を得ようとする人がほとんどだった。だが平成中期頃から、消費に対する価値観が変わり始め、「物」もステイタスではなくコストパフォーマンスが重視され、「いかにお得か」という情報が注目されるようになった。

平成終盤に差しかかると、できるだけ無駄な物は持たない、という風潮が広まる。「断捨離」で不要な物はどんどん捨て、必要最低限の品物で生活する「ミニマリスト」と呼ばれる人たちが登場。もはや「物をたくさん持っているから贅沢」という時代は終わりを告げた。とはいえ、最低限の物がないと生活はままならない。そこで「必要な物を必要なときだけ」という発想が生まれ、広まったのが「シェアリング」。つまり、個人が所有するのではなく、多くの人と「共有する」という概念だ。

ネットの普及もあり、また企業などが仲介することによって、物の貸し借りも容易となる。シェアされるのは自動車や自転車にとどまらず、衣服やアクセサリー、そして住まいまでもが共有される。そこには「あの人はいい物を持っている」とか「あの人の物は高そうだ」という嫉妬心はない。「物」の価値は、それ以上でもそれ以下でもなく、自分が気に入れば、それでいいわけだ。

『カルテット』が描く現在の群像劇

そんな価値観は人間関係にも影響を与え、「群像劇」のありようを大きく変えた。5人や7人という、1人あぶれる形になる奇数の男女が友情と恋愛に揺れるのではなく、奇数だろうが偶数だろうが、全員がバランスのいい力配分で相互作用し、絆を深め合っていく。しかも、出会ってすぐシェアハウスに住むのも抵抗はない。このような人間関係を反映させて描写したのが、平成29年の『**カルテット**』（TBS系）だ。

脚本は平成3年に『東京ラブストーリー』（フジテレビ系）で大ブームを起こした坂元裕二。時代を切り取ったセリフ回しは、26年経ってさらに研ぎ澄まされる。「志のある3流は4流だからね」「泣きながらご飯を食べたことのある人は生きていける」

などのセリフは、私たちが、何度も繰り返し声に出したくなる説得力があった。『カルテット』の登場人物たちは、何度も恋愛関係に発展しそうになるが、ベタベタ感やハードな展開はない。楽器演奏者という共通項のみで別荘に集まり、ともに暮らしながらも個を大切にするという設定だ。

SNSでは、互いの詳しいプロフィールを知らないまま、つながることも多い。ただ、私が学生たちの利用の仕方を見聞きして思ったのは、世界とつながっているといいながらも、「つながったからには、もっと仲よくなろう」とは考えないということだ。利用するのは、普段よく会う友人関係のごく小さなサークル。それが一番大切なのである。そのほかの人間関係はのぞき見程度で満足する。決して深くは絡まないし、絡みたくもない。たまに、共通のファンであるアーティストのコンサートやオフ会に参加し、会うと旧知の友のように盛り上がるが、それでさよなら。「本当のあなたを知りたい」という熱さは求めない。「一部分の共有」が心地いいようだ。

グレーゾーンを許す距離感

昭和生まれにとっては、「物」というのは自分が頑張ってきた「ご褒美」といった

DRAMA

カルテット

30代の男女４人が出会い、四重奏ユニット「ドーナツホール」を組み、軽井沢でルームシェアを始める。生活をともにすることで、それぞれが抱える嘘やトラウマが垣間見えていく。何気ない会話の中に物語の伏線が緻密に織り込まれる坂元裕二の脚本が秀逸。謎をはっきり明かさず終わる最終回も大きな話題となった。

カルテット DVD-BOX ／ Blu-ray BOX
好評発売中
◉発売元：TBS ／発売協力：TBSグロウディア／販売元：TCエンタテインメント
◉価格：DVD-BOX 19,000円（税抜）／ Blu-ray BOX 24,000円（税抜）

DATA
TBS系 ／ 2017年1月17日 ～ 3月21日 ／ 脚本：坂元裕二／出演：松たか子・満島ひかり・高橋一生・松田龍平・吉岡里帆・宮藤官九郎・もたいまさこ 他

感覚すらあり、それを人と共有するというのはかなりハードルが高かった。しかし、今ではパートナーをシェアする「ポリアモリー」という恋愛形態さえも認知されつつあるという。大切な人にすべての関係性を伝え、合意のもとで複数の恋愛関係を築いているのだ。

つかず離れずという関係を好み、すべてを知ろうとはせず、グレーゾーンを許す。ただし、この距離感は決して「人間に興味がなくなってきた」「人間関係が希薄になった」ということの現れではない。いつでもつながれる現代だからこそ、お互いのゾーンには入らないという、一つの形なのだろう。

column

～メディアの王座を奪還するために～

平成の中頃から急速に増え始めたのが、テレビドラマからの映画化だ。『**踊る大捜査線**』（フジテレビ系）や『**トリック**』（テレビ朝日系）、『**相棒**』（テレビ朝日系）や『**ＨＥＲＯ**』（フジテレビ系）など、枚挙に暇《いとま》がない。

いまでは『**コンフィデンスマンＪＰ**』（フジテレビ系）のように、ドラマが始まった時点で映画化が決まっているものもある。ドラマファンを呼び込めるため、映画は一定の興行収入が予想できる。戦略としては大いにありだと思う。ただし、最終章を映画でやる、もしくはサイドストーリーをネットで放映するのは私は大反対だ。

当然ながら、エンターテインメントはビジネスがかかわっている。だからこそ商業メディアは面白い。ただ、その商売があまりにも透けて見えると、視聴者はシラケてしまうのだ。

昭和30年代頃までは、映画が娯楽の主流だった。やがてテレビが映画の人気を上回

深夜ドラマからのスタートだったが、そのカルト的人気から第３シリーズまで制作された『トリック』。これまでのクールなイメージから一変した仲間由紀恵と阿部寛のコミカルな演技も人気を集め、スペシャルドラマ３本に加え劇場版も４本が公開、14年間にわたるロングシリーズとなった。

『トリック劇場版 ラストステージ 超完全版（本編DVD&特典DVD 2枚組）』 好評発売中
◉発売元：テレビ朝日／販売元：東宝

り、現在テレビはネットの勢いに苦戦している。しかもネットは「一番いいところ」だけを切り取って観ることも可能だし、自分好みのテーマを検索して絞り出すこともできる。

このままでは、いずれテレビも斜陽を迎えてしまう日が来るのだろうか。「やっぱりテレビは面白いよね」と視聴者を振り向かせるためには、チャレンジが必要だ。１９９０年代中頃からフィルム撮影がデジタルに切り替わり、大がかりな撮影機材や複雑な編集作業が減っていき、制作の間口が広くなっていった。いまではパソコン一つあれば、十分に編集ができる時代である。

技術の発達がここまで進めば、もう精度やテクニックではなく「センス」がモノをいう時代だ。だからこそ、平成30年公開の映画『**カメラを止めるな!**』(平成29年に先行公開)のような、37分にわたるワンカット撮りなど、撮影の限界に挑戦した作品が評価を得たのである。この、なにが起こるかわからないスピード感こそ、本来テレビの得意分野ではなかっただろうか。

テレビドラマの再挑戦

かつて、平成14年に三谷幸喜が、毎回約30分間ノンストップで撮影したシチュエーションコメディ『**HR**』(フジテレビ系)を世に出し、さらに平成28年には唐沢寿明主演の『**THE LAST COP/ラストコップ**』(日本テレビ系)などが、最終回の一部分を生放送するチャレンジをして、話題になった。

当然俳優陣の緊張感はすさまじいものがあるだろうし、放送事故になるリスクもある。が、こういった臨場感や疾走感を表現しようとする意気込みは視聴者に伝わるものだ。技術の進歩は、何事も無難に想定内に収められるようになった。しかしテレビが一番面白いのは、予期せぬことが起きたときなのである。

第4章

平成ドラマを支えたスタッフとこれから

小説や絵画と違い、ドラマは映画と同じく、多くの人の力によって生み出されていく創作物だ。言い方を変えれば、人がいてこそ、作品が成り立つともいえる。平成の時代も個性溢れる俳優が輩出され、優れたストーリーを紡ぎ出す脚本家が誕生した。もちろん、ドラマ作りを支えるスタッフは大勢存在するが、本章では平成のテレビドラマを彩った俳優と脚本家にスポットを当てながら、令和に向けたドラマの未来を考えてみた。

国民的ドラマ「朝ドラ」、復活への道のり

昭和36年に始まったNHK連続テレビ小説、通称「朝ドラ」。昭和のラストは山口智子主演の『純ちゃんの応援歌』で締め、平成の最初はいしだあゆみ、清水美砂主演の『青春家族』でスタート。平成最後は安藤サクラ主演の『まんぷく』であった。この作品名を見るだけで、平成の30年間とは短いようで意外に長い、と思ってしまう。

朝ドラは元来、視聴習慣性に支えられている部分が大きい。「時計代わり」として観られることで、安定した視聴率を得てきた。ところが平成初期には、そんな習慣が視聴率に反映しなくなり、低迷の一途をたどってしまう。

平均で15％に届かない状態が続き、ついに倉科カナ主演の平成21年『ウェルかめ』では13・5％まで下がってしまった（関東地区・ビデオリサーチ調べ、以下同）。この頃、巷《ちまた》では朝ドラ自体が幕を下ろすのではという噂《うわさ》まで上った。そこでNHKは新たな手段に打って出る。

まず、朝ドラ回復の起爆剤になったのが、平成22年の『**ゲゲゲの女房**』だ。この作品から従来の8時15分からの放送を8時に変更した。漫画家の水木しげる・布枝夫妻の半生を描いたストーリーや、松下奈緒、向井理らの演技もさることながら、この開始時間の変更も功を奏して視聴率は回復する。

朝ドラがスタートした当時と違い、平成にもなれば郊外から都心への遠距離通勤者が増加した。そのため8時15分から30分の放送時間では、出社時間に間に合わない。しかも共働きの世代も増え、家を留守にしてしまう家庭も多くなる。だが8時15分終了ならギリギリで大丈夫。

NHKは緻密な調査によって、この結論を導き出したという。たかが15分、されど15分。この差によって、出勤前に視聴しやすくなったサラリーマンらが増加したのだろう。

朝ドラを一変させた『あまちゃん』

一気に朝ドラが息を吹き返した感のある『ゲゲゲの女房』。個人的にも大好きな作品だが、とにかく向井理が素晴らしい。彼の持つインテリジェンスな雰囲気と、周りに染まらないアクの強さのバランス。これは平成28年の『**とと姉ちゃん**』での風来坊な叔父役でも見事に生かされている。

もう一つ、朝ドラを新しく生まれ変わらせたといっても過言でないのが平成25年の『**あまちゃん**』だ。現代劇で、従来のようにモデルとなる人物がいない、というヒロイン像が輝いていた。

能年玲奈（現・のん）演じるアキは、明るさの溢れるキャラクターながら、はなはだ未完成である。それが視聴者には大きな魅力に映った。しかもアキはアイドル志望という設定で、作品には当時の流行をけん引したグループアイドルや地元アイドルといった要素も組み込まれ、劇中で彼女たちが歌った楽曲も大きな話題となった。

『あまちゃん』の視聴率は歴代朝ドラと比べて、飛び抜けてよいわけではなく平均20・6％。ただ、なにより大きかったのは、これまでの朝ドラ視聴者層が戻ってきたのに加え、若者層を取り込むのにも成功したことだ。

「時計代わり」の意味合いも強かった朝ドラを、『あまちゃん』は「見逃せないドラマ」に変えた。名シーン、名セリフを逃したくないという、ドラマが本来持ち合わせる魅力にも溢れていた。15分でこれを可能にした脚本の宮藤官九郎は、天才としか言いようがない。

朝ドラの大河ドラマ化

『あまちゃん』以降、朝ドラはふたたび「毎朝の楽しみ」として注目度を回復し、朝ドラのネタを書けばネットニュースも盛り上がる、というほどになる。注目度が回復した朝ドラの流れで、もう一つ高い支持を得たのが、「大河ドラマで取り上げても、おかしくない題材を朝ドラでする」という方向性だ。平成26年の『**マッサン**』、平成27年の『**あさが来た**』はこれに当たる。

『マッサン』の舞台は大正時代。ニッカウヰスキー創業者、竹鶴政孝とその妻リタをモデルに、国産ウイスキーを作り上げるまでの奮闘と夫婦愛を描いた。リタを演じたシャーロット・ケイト・フォックスは朝ドラ初の外国人ヒロインで、『あまちゃん』以来のオーディションで採用。サントリーの前身である寿屋の創業者、鳥井信治郎をモデルとした鴨居欣次郎を堤真一が演じたのも話題となった。

『あさが来た』は、なんと幕末の安政4年（1857年）からドラマが始まる。これは朝ドラではもっとも古い年代であり、平成16年の大河ドラマ『**新選組！**』で土方歳三を演じた山本耕史が、11年振りに同じ役で登場し、話題を集めた。

『あさが来た』は時代劇の要素に加え、明治・大正の文明開化から女性の地位向上といった時代の変遷を、波瑠演じるヒロイン・あさの目を通して描いている。これが幅広い層から支持を受け、平均視聴率は平成の30年間で最高の23・5％を獲得。平成31年3月に放送された『朝ドラ100作! 全部見せますスペシャル～歴代ヒロインがチコちゃんに叱られる⁉～』では、視聴者が選ぶ「イチオシ朝ドラランキング」で1位に輝いている。

これからも試行錯誤が続く朝ドラの世界

しかし、NHKがこれで安心したかといえば、まったくそうではない。それは、ヒロインに一般のオーディション合格者や無名の新人を起用するということが、ほぼなくなったことからもわかる。効率性、合理性を求めたのもあるが、やはり数字を取らなければならないという緊迫感が続いているのだ。

いまもなお、あとがないというスタンスで臨み、一度味わった苦戦を繰り返してはいけない、もう二度と視聴率を下げてはいけない、というミッションに応え続ける。

それが朝ドラ担当者なのだろう。

シビアな話だが、若者にも振り向かれるような朝ドラを作らないと、お尻に火がついたような状態が続くのは目に見えている。しかも、『あまちゃん』で獲得した若者層が定着したかといえば、そうでもない。そのためNHKは、反応を見て朝ドラの再放送をしたり、BSで流したりと、あの手この手で支持の獲得拡大を試みている。『あまちゃん』が朝ドラを変えてから6年経った。再生のキーワードは「若者」である。それが「シニアが理想とする若者」であっては、進歩はない。

平成13年の『**ちゅらさん**』、平成29年の『**ひよっこ**』は、アットホームな世界観がファンの熱い支持を得、続編が作られるほどの人気作品となったが、両作品とも脚本を担当したのは岡田惠和だ。時代の変化を取り入れながらも、軸の「家族」「悪人を出さない」という、やさしい世界観を絶対的に守っている。彼の描く、ごく普通の日々を懸命に生きていく登場人物の姿は、それだけで感動と希望を与えてくれる。

これらの作品を通して、朝ドラが朝一番に元気をもらうドラマ枠であるためには、いまの若者が大切にする「やさしさと仲のよさ」、そして一日の初めの背中を押してくれる「明るさ」を、絶対外してはいけない、と思うのである。

脚本こそがテレビドラマの生命線である

映画や小説など物語を表現する創作物の中でも、テレビドラマはもっとも時代を反映した作品だ。したがって、ドラマを作るということは「時代を切り取る」というのに等しい。

そんなドラマの制作スタッフの中でも、とくに脚本家は時代に対して敏感でなければならない。平成30年間の社会の実相を切り取り、描き出した脚本家として、本項では宮藤官九郎、坂元裕二、三谷幸喜、岡田惠和、井上由美子、中園ミホ、森下佳子、野木亜紀子を挙げたい。

時代の空気を的確に抽出する

平成ドラマの革命児といえるのが宮藤官九郎。平成12年の『**池袋ウエストゲートパーク**』、平成14年の『**木更津キャッツアイ**』（いずれもＴＢＳ系）、平成28年の『**ゆとり**

ですがなにか』（日本テレビ系）など、若者と社会のつながりを時代時代で抽出している感がすごい。

平成25年の『**あまちゃん**』（NHK）もそうだが、彼の作品は視聴率を超えて、視聴者の心に残る大きなものがある。大河ドラマ『**いだてん～東京オリムピック噺《ばなし》～**』（同）も、現時点（令和元年6月現在）では視聴率で苦戦しているが、いずれ語り継がれる名作となる期待を持っている。

坂元裕二は平成23年の『**それでも、生きてゆく**』（フジテレビ系）、平成29年の『**カルテット**』（TBS系）などを担当。時代性をインプットしつつ、時代を越えても変わることのない普遍的な要素を表現することに長《た》けた脚本家だ。ネットが一般普及した平成中期後も、たとえば手紙というアナログな通信手段を効果的に使いながら、新しい時代の中での人間模様を描く。

坂元作品は、誰もが「ある、ある」と膝を打ちそうな、ごく自然な事柄のようでありながら、すでに世間で認識されているものに追随しない。社会の風潮の一歩先を見すえた物語を作り、視聴者にその世界を知らしめる。その視点と筆力は別格だ。

平成6年から放送された『**古畑任三郎**』（フジテレビ系）で人気脚本家の座を確実に

した三谷幸喜は、良質のコメディードラマを数多く世に送り出している。平成16年の大河ドラマ『**新選組！**』では、前半にコミカルなシーンが多く賛否両論の的となったが、同じく大河の『**真田丸**』（平成28年）のスピード感や、史実の鎖にがんじがらめにならずフィクションとしてのドラマもしっかりと描く姿勢に舌を巻いた。

岡田惠和は変幻自在の人である。平成13年の『**ちゅらさん**』（NHK）、平成24年の『**最後から二番目の恋**』（フジテレビ系）など、明るく穏やかな空気感を紡いだドラマがある一方、平成21年の『**銭ゲバ**』（日本テレビ系）のように、社会の闇を描き切ることもできる。もう大ベテランの域に入っているがバイタリティーに溢れ、平成31年の『**ひよっこ2**』（NHK）での「（この作品を）まだまだ書くことができる」という言葉にウソはないはずだ。

女性脚本家が紡ぎ出す世界

大ベテランといえば井上由美子を忘れてはならない。平成15年には唐沢寿明主演による『**白い巨塔**』（フジテレビ系）で、半年もの間、視聴者を引きつけて離さなかった。この人の絶妙なうまさは、普通なら語りすぎになりやすいところを、一歩手前でやめる絶妙さである。平成26年の『**昼顔～平日午後3時の恋人たち～**』（フジテレビ系）では不倫を描いたが、品性を失わなかったのはこの人の筆力によるものだと思う。

中園ミホは、時代の流れの中でしなやかに生きる女性をヒロインに投影して描くセンスに冴《さ》えている。平成12年の『**やまとなでしこ**』（フジテレビ系）、平成19年の『**ハケンの品格**』（日本テレビ系）、平成24年の『**ドクターX～外科医・大門未知子～**』（テレビ朝日系）はいずれも大ヒットとなった。

平成30年のドラマ賞を総なめにした『**義母と娘のブルース**』（TBS系）の森下佳子も、胸に沁みるセリフを書く素晴らしい脚本家である。この作品のほかにも平成16年『**世界の中心で、愛をさけぶ**』、平成21年『**JIN―仁―**』（いずれもTBS系）、平成25年『**ごちそうさん**』（NHK）など、長きにわたって心に残る名作を連発している。

平成22年に脚本家デビューをはたした野木亜紀子。平成28年の『**重版出来！**』『**逃げるは恥だが役に立つ**』（いずれもTBS系）でも見られるように、テンポが素晴らしいのみならず、視聴者に勇気を持たせてくれるセリフを数々と紡ぐ。平成30年の『**アンナチュラル**』（TBS系）で「第7回市川森一脚本賞」を受賞。これからの新しい時代、間違いなくさらに活躍の場を広げることだろう。

平成ドラマ史に刻印された俳優・木村拓哉

平成のドラマを盛り上げたスターは数多いが、その中で代表的な1人を挙げるとするならば「木村拓哉」。そう言い切って間違いない。

平成5年の『**あすなろ白書**』（フジテレビ系）でヒロインに思いを寄せる取手治を演じてブレイクし、その後は平成8年の『**ロングバケーション**』（同）、平成12年の『**Beautiful Life〜ふたりでいた日々〜**』（TBS系）などに出演。副操縦士を演じた平成15年の『**GOOD LUCK!!**』（同）は、撮影に協力した全日空の株価を引き上げるほどの社会現象を巻き起こした。

1話完結型をのぞき、連続テレビドラマでの木村拓哉の出演作は平成の30年間で27本。平成4年の『**その時、ハートは盗まれた**』（フジテレビ系）のヒロインの先輩、片瀬雅人役で本格的にテレビドラマデビューをはたし、平成30年の『**BG〜身辺警護人〜**』（テレビ朝日系）のボディーガード、島崎章役で平成時代を締めくくった。しかもほぼすべてにおいて、視聴率が極めて高い。

フジテレビの月9ドラマにおける平均視聴率トップ3は、上位から平成9年の『**ラブジェネレーション**』(30・8%)、平成8年の『ロングバケーション』(29・6%)、平成13年の『**HERO**』(21・3%)と、木村拓哉の主演作が独占。カリスマ美容師役の木村と難病を患った図書館司書役の常盤貴子とのラブストーリー『Beautiful Life〜ふたりでいた日々〜』に至っては、平均視聴率が32・3%、最高視聴率は最終回の41・3%(関東地区、ビデオリサーチ調べ)だ。しかも彼は、「木村拓哉のドラマは必ず当たる」というセオリーを背負いながらも、プレッシャーに押しつぶされることもなく、見事それをやり続けたのである。

ダークヒーローでも輝く個性

そんな木村にはヒーローを演じ続けたイメージがあるが、彼は「嫌な役」も非常にうまい。平成ベストワンの木村拓哉の演技はなにか、と問われれば、平成8年に放送された『**古畑任三郎　第2シーズン**』(フジテレビ系)の「赤か、青か」の犯人役。私はこれを挙げたい。

彼が演じる若い科学者は幼稚なわがままさで、何の罪も恨みもない人間を殺《あや》めるという身勝手な役である。生意気で狡猾《こうかつ》で、いちいち癇《かん》に障る物言いをする。とても突っ張っていて、周りを見下すようなたたずまい。犯人の殺害動機を知り、怒りが頂点に達した古畑が1発鋭くビンタ（裏打ち）をするのだが、とにかく全編にわたりすさまじい緊張感が途切れなかったのをおぼえている。木村はこのシーンについて、「古畑が殴った犯人は僕だけ。誇りに思う」と語っていた。

平成11年に放送されたスペシャル版の『**古畑任三郎vsSMAP**』でも、本人役で犯人の1人を演じているが、こちらも犯行を隠そうとして、つい口をすべらせてしまう、「語るに落ちる」というような役どころ。ひたすらカッコいいヒーローとはまた違った、尖《とが》った役であった。三谷幸喜は彼の持つ「カリスマゆえの空気をかき乱すムード」を非常によくわかっていて、それをうまく推理劇に活用していた。

キムタクブランドからの脱却

数々のドラマの成功により、「キムタク」というブランドを見事に確立した木村拓哉だが、平成という時代に彼が選ばれた理由は、この孤高なオーラと緊張感ではなか

木村拓哉　連続ドラマ主演リスト

放送年	タイトル	放送局
1995	人生は上々だ	TBS
1996	ロングバケーション	フジテレビ
1997	ギフト	フジテレビ
1997	ラブジェネレーション	フジテレビ
1998	眠れる森 A Sleeping Forest	フジテレビ
2000	Beautiful Life ～ふたりでいた日々～	TBS
2001	HERO	フジテレビ
2002	空から降る一億の星	フジテレビ
2003	GOOD LUCK!!	TBS
2004	プライド	フジテレビ
2005	エンジン	フジテレビ
2007	華麗なる一族	TBS
2008	CHANGE	フジテレビ
2009	MR.BRAIN	TBS
2010	月の恋人 ～ Moon Lovers ～	フジテレビ
2011	南極大陸	TBS
2012	PRICELESS ～あるわけねぇだろ、んなもん！～	フジテレビ
2013	安堂ロイド～ A.I. knows LOVE ？～	TBS
2014	HERO (第2シリーズ)	フジテレビ
2015	アイムホーム	テレビ朝日
2017	A LIFE ～愛しき人～	TBS
2018	BG ～身辺警護人～	テレビ朝日

TBS系で2000年1月16日から3月26日にかけて放送された『Beautiful Life ～ふたりでいた日々～』。脚本の北川悦吏子は本作で第18回向田邦子賞を受賞、木村拓哉が主演したドラマの中でも一二を争う名作といわれている。

『ビューティフルライフ ふたりでいた日々 DVD-BOX』
●発売元：TBS ／販売元：NBCユニバーサル・エンターテイメント
●価格：22,800円（税抜）
©TBS

ろうか。

昭和の向上心や野心を感じるカリスマとはまた違った、繊細な存在感。昭和37年生まれの私の世代の若かりし時代には見たことのない、新しい「完璧さ」「スマートさ」をまとっている。

TBS系のバラエティー番組『ニンゲン観察バラエティ モニタリング』で「なにをやっても『キムタク』といわれる」と、素直に悩みを吐露して話題になった。だが、彼はそれでいいと思う。木村拓哉という存在が、ドラマを輝かせている。それを、なにかと批判する人もいるだろうが、それだけ彼のことが気になっている人が多いという証拠でもある。

木村拓哉の令和時代の始まり

そんな木村は「抱かれたい男」に連続ランキングされるなど、とくにラブストーリーを中心にしていた平成中盤までは、圧倒的に女性の人気が高かった。それゆえ、彼はその卓越した演技力よりも、どうしても「かっこよさ」が先に評価されることになってしまう。

芸能界に大激震を走らせた平成28年のＳＭＡＰ解散は、木村拓哉のイメージや評価を大きく変化させた時期でもあった。しかし、その大きなうねりを超えることで、彼は「等身大の苦悩する中年男性」を魅力的に演じる味わいを手に入れ、新たなスタートを切ろうとしている。

平成初期にはラブストーリーで視聴者をときめかせ、中期・後期にかけては時代劇、職業ドラマ、人間ドラマなど多方面で、憧れのヒーローを演じ続けてきた木村拓哉。ヒーローをやりつくした彼は、これからどんな役に挑んでいくのだろう。前述した『古畑任三郎　第2シーズン』で見せたような、毒や闇を感じさせる悪役で新境地を開き、「名悪役」の座を射止めるかも知れない。

令和2年新春放送予定のフジテレビ開局60周年記念特別企画『**教場**』では、木村は警察学校の冷酷な教官を演じる予定だ。スーパースターの趣に、人間臭さがプラスした新しい時代の木村拓哉の可能性は広がるばかりである。

時代は変わり、視聴者に求められる個性も変わる。しかし、昭和に高倉健がいたように、平成・令和には木村拓哉がいる。時代に愛され、しかもそのスター性を自覚し、貫こうとする俳優が残る。そして、やがて伝説になっていくのだ。

▶テレビが目指す視聴率の先にあるもの

「テレビドラマ」と一口に言っても、その楽しみ方は多種多様だ。リアルタイムで観る人、好きなドラマだからこそ録画であとから何度も観る人、見逃し配信やネット配信を利用する人、ＤＶＤ化されるまで待つ人など、さまざまな方法が考えられる。そんな時代、テレビ所有世帯のうち、どのくらいの世帯がその番組を観ていたか、という割合を示した「世帯視聴率」だけでは、なかなか実態を測れなくなった。

世帯視聴率が高いとされる番組の多くは、リアルタイムで視聴するシニア層に支持されている番組だ。これらは高い数字を獲得しているので、批判のやり玉には上がりにくい。一方、若者がタイムシフトの手法で視聴している番組は、話題やブームになったとしても、リアルタイムの視聴率が低いと、それだけでメディアからは「反応が薄い」といった評価をされてしまうこともある。このように、実際の評価と報道のギャップが出てきている。

リアルタイム視聴の楽しさ

そんな状態のままではいけないと、システムは変わろうとしている。テレビ番組の視聴率調査を行っているビデオリサーチは令和2年をめどとして、テレビ視聴データの集約化および個人視聴データの充実化とセグメント対応を強化した「新視聴率計画」を実施することを発表した。さらには、サンプル数を関東地区で3倍、関西地区でも2倍に増やすことも検討中だという。

とはいえ、思い切った改革案が、まだまだ提示されていないというのが本当のところだ。かといって、では別の方法でテレビ番組の評価を正確に測れる方法があるのか、といわれれば、いまだ世帯視聴率を超えるものはない。

私自身、リアルタイムの視聴にこだわってきた。ドラマには放送される時間と内容、さらに曜日の関係もしっかり考えられ、そこに合わせた番組が緻密に計算され、放送されてきたからだ。しかし、最近は見逃し配信やネット、DVDなどでまとめて観られることも多い。だが、やはり本当に面白いものはリアルタイムで観たい。観たあとで、いち早く仲間と語り合いたい。「早く来週にならないかな」という待ち遠しさも、テレビの面白さだと思う。だからこそ必死で観るし、見逃すと悔しい。『**あまちゃん**』（ＮＨＫ）がヒットしたときは、「『あまちゃん』が終わったあと、もう続きが観られない」という寂しさから、「あまロス」という言葉が流行した。この「ロス」をおぼえることこそ、テレビの最たる魅力だと思うし、作り手も「〇〇ロス」と言ってもらえるのは、幸福の極みだろう。

おおらかな世界であり続けるために

もう一つ、ドラマでもどかしいのは、ＳＮＳの普及にともない、ドラマの中で「粗探し」をする傾向が強くなったことについてだ。「主人公がタバコを吸うのはいかがなものか」「あのセリフは人によっては不快感を覚えるのではないか」など、あくまでもフィクション、ドラマの世界だと割り切れない目線は、描かれる世界を委縮させ、本来描かれるはずだったテーマ自体が薄れてしまうケースも出てくる。

日本のメディアは少し息苦しくなり始めている。視聴者が声を上げるのはとても大事だし、その意見を丁寧にすくい上げるのはメディアの役割だ。ただ、平成後期になって、ネット環境が十二分に整い、興味のあることはすぐ検索して調べることができ

平成の民放連続ドラマ視聴率ベスト10

順位	番組名（話数）	放送日	放送局	視聴率（%）
1	半沢直樹（最終回）	2013年9月22日	TBS	42.2
2	Beautiful Life（最終回）	2000年3月26日	TBS	41.3
3	家政婦のミタ（最終回）	2011年12月21日	日本テレビ	40.0
4	ひとつ屋根の下（第11話）	1993年6月21日	フジテレビ	37.8
5	GOOD LUCK!!（最終回）	2003年3月23日	TBS	37.6
6	家なき子（最終回）	1994年7月2日	日本テレビ	37.2
7	HERO（第8話／最終回）	2001年2月26／3月19日	フジテレビ	36.8
8	101回目のプロポーズ（最終回）	1991年9月16日	フジテレビ	36.7
8	ロングバケーション（最終回）	1996年6月24日	フジテレビ	36.7
10	GTO（最終回）	1998年9月22日	フジテレビ	35.7

※ビデオリサーチのHP掲載「ドラマ高世帯視聴率番組」より平成の部分を切り出しランキング（関東地区）

る。そんな効率の時代になってから、個々の番組に対して、あまりにも指摘が厳しくはなっていないだろうか。

仕事や学校など、外で頑張って一日をすごし、帰宅したとき、ただひたすら面白い番組があることでホッとする。

ぼんやりと眺めているだけでもストーリーから置いていかれない、のんびりとした展開の作品に心が癒されることもある。

そのおおらかさが愛しいし、そんなテレビドラマが私は大好きである。

あとがき

自宅リビングで、お気に入りのテレビドラマに夢中になっている私の姿を眺めて娘が言った。「パパ、この世にテレビがあってよかったね」と。ドキッとした。

中学1年の春休み前、私はちょっとした出し物をクラスメイトに披露した。一応、自分が脚本を書き、演出、キャスティングを担当して、出演もした。いま思い出しても赤面のバカバカしいパロディー作品だったが、当時の担任N先生が、この上なく褒めてくれた。そのときから、将来は放送局で番組を作りたいと真剣に思い始めた。

運よく大阪の放送局に採用され、15年半にわたって、テレビ・ラジオ番組の企画制作に従事した。その後、大学に職を移し、マスコミをはじめメディアの世界で羽ばたくことを夢見る若者たちに、ドラマを含めたテレビ論を講義の核にして、さまざまなことを語っている。現在月におよそ10本のテレビコラムを書き、放送に関するコメントを定期的にメディアに寄せてもいる。

そんな自分だけに、もしテレビがなかったら、と心底怖くなる。帰宅してから眠りにつくまで、テレビはずっとつけたままだ。視線の先にテレビ画面が見えないと不安で仕方がない。わが娘は、一風変わった父をきちんと冷静に観察していたのだろう。

甚だ偏りのある自分に、仕事の依頼をしてくださる奇特な方々がいる。元来怠け者である私の尻をたたいてくださる皆さんがいる。本当にありがたい。この本もそうだ。旧知の友人、オフィステイクオーの田中稲さんから「平成の名作ドラマに社会の出来事を絡めた本、出したくありませんか？」と突然言われたのは、気持ちよく2杯目のビールに口をつけた瞬間だった。「おもしろそう、やりたい！」と即答した。

期待を大きく膨らませはしたが、現実とは総じて厳しいものだ。ビールの泡のごとく、いつの間にかはかなく夢は消えて、「そんな話もしてたっけ？」とほろ苦く振り返るのが、メディア業界に限らず「社会」なのだ。かなり楽観的な私でさえ、日頃から肝に銘じて生きてきた。ひとまず忘れておこう、そう思っていた。

ところが、そこから1週間もしないうちに、本書の出版が決まった。しかし、企画が通ってから出版までの期間が驚くほど短かった。ただ、経験とは恐ろしいもの。逼《ひっ》迫《ぱく》したスケジュールの中、仕事に向き合うことで、前職時代に体の隅々まで染みついていたアドレナリンが豊富に出てきて、つらいという感覚はあまりなかった。いずれにせよ、拙著をこうして無事みなさんの手に届けられたことは、この上ない喜びだ。

平成という時代は、ネガティブに括《くく》られることが比較的多い。そして私が心から愛してやまないテレビも、批判的なスタンスで語られることが昨今増えた。しかし、はたしてそう言い切れるものだろうか？　本書では、ネガティブな部分をクローズアップして記すことはできるだけ避けたつもりだ。テレビ離れが叫ばれ、テレビドラマを観る人も減少し、テレビのこれからをディスることをビジネスとするケースもいまの一部のメディアには見られる。だが、それはいささか寂しい。

私たちの生きてきた平成をどうとらえるかも同様だ。信じられぬほどつらい出来事もたしかに少なくはなかったが、新しい時代につながる宝石の原石が数多く生まれたのも、このかけがえのない30年間だったのではないかと、改めて思っている。「ドラマは時代を映す鏡」と、折に触れて語っている。この本が読者のみなさんにとって、テレビ、あるいは平成をポジティブに考える僅《わず》かな契機となれば幸いだ。

影山貴彦

【参考文献】

厚生労働省ホームページ（https://www.mhlw.go.jp/）
総務省ホームページ（http://www.soumu.go.jp/）
内閣府ホームページ（https://www.cao.go.jp/）
カルチャースタディーズ研究所ホームページ（http://culturestudies.jp/）
東京私大教連ホームページ（東京地区私立大学教職員組合連合）（http://tfpu.or.jp/）
「ビデオリサーチ コーポレートサイト」（ビデオリサーチ）（https://www.videor.co.jp/）
「ＮＨＫオンライン」（ＮＨＫ）（https://www.nhk.or.jp/）
「電通ウェブサイト」（電通）（http://www.dentsu.co.jp/）
「web ちくま」（筑摩書房）（http://www.webchikuma.jp/）
「シネマトゥデイ」（シネマトゥデイ）（https://www.cinematoday.jp/）
「日経ビジネス電子版」（日経ＢＰ社）（https://business.nikkei.com/）
「現代ビジネス」（講談社）（https://gendai.ismedia.jp/）
「東洋経済オンライン」（東洋経済新報社）（https://toyokeizai.net/）
「週刊ＳＰＡ！」１９９７年7月２日号（扶桑社）

著者

影山貴彦　（かげやま　たかひこ）

1962年生まれ。早稲田大学政治経済学部卒。同志社女子大学メディア創造学科教授。専門は「メディアエンターテインメント論」。元毎日放送（MBS）プロデューサー、名誉職員。著書に「テレビのゆくえ」（世界思想社）「影山教授の教え子が泣きにくる。」（雇用開発センター）「おっさん力」（PHP研究所）他。「影山貴彦のテレビ燦々」（毎日新聞）をはじめ、「関西ウォーカー」（KADOKAWA）、「読みテレ」（読売テレビ）などでテレビコラム連載中。朝日放送（ABC）ラジオ番組審議会委員長。

※本書は書き下ろしオリジナルです。

じっぴコンパクト新書　368

JIPPI Compact

テレビドラマでわかる平成《へいせい》社会《しゃかい》風俗史《ふうぞくし》

2019年7月10日　初版第1刷発行

著　者……………影山貴彦
発行者……………岩野裕一
発行所……………株式会社実業之日本社
〒107-0062　東京都港区南青山5-4-30
CoSTUME NATIONAL Aoyama Complex 2F
電話（編集）03-6809-0452
（販売）03-6809-0495
http://www.j-n.co.jp/
印刷・製本…………大日本印刷株式会社

ISBN978-4-408-33870-5（第一趣味）